MOLIÈRE

L'Avare
Der Geizige

Comédie en cinq actes
Komödie in fünf Akten

Zweisprachig
Französisch/Deutsch

aionas

Bibliographische Informationen der Deutschen Nationalbibliothek: Die Deutsche Nationalbibliothek verzeichnet diese Publikation in der Deutschen Nationalbibliographie; detaillierte bibliographische Daten sind im Internet unter http://dnb.dnb.de abrufbar.

Molière
L'AVARE / DER GEIZIGE
Zweisprachige Ausgabe
Französisch/Deutsch

Uraufführung: 9. September 1668

Übersetzung: Wolf Heinrich von Baudissin
Bearbeitung/Revision: Alexander Varell
Cover-Grafik designed by freepik

aionas Verlag, Marstallstraße 1, Weimar
1. Auflage, 2017
Herstellung: BoD – Books on Demand, Norderstedt

ISBN: 978-3-946571-59-9

MOLIÈRE

L'Avare
Der Geizige

Comédie en cinq actes
Komödie in fünf Akten

Acteurs

HARPAGON, *père de Cléante et d'Élise, et amoureux de Mariane.*
CLÉANTE, *fils d'Harpagon, amant de Mariane.*
ÉLISE, *fille d'Harpagon, amante de Valère.*
VALÈRE, *fils d'Anselme, et amant d'Élise.*
MARIANE, *amante de Cléante, et aimée d'Harpagon.*
ANSELME, *père de Valère, et de Mariane.*
FROSINE, *femme d'intrigue.*
MAITRE SIMON, *courtier.*
MAITRE JACQUES, *cuisinier et cocher d'Harpagon.*
LA FLÈCHE, *valet de Cléante.*
DAME CLAUDE, *servante d'Harpagon.*
BRINDAVOINE, LA MERLUCHE, *laquais d'Harpagon.*
LE COMMISSAIRE, ET SON CLERC.

La scène est à Paris.

Acte 1

SCÈNE PREMIÈRE

VALÈRE, ÉLISE.

VALÈRE. Hé quoi, charmante Élise, vous devenez mélancolique, après les obligeantes assurances que vous avez eu la bonté de me donner de votre foi? Je vous vois soupirer, hélas, au milieu de ma joie! Est-ce du regret, dites-moi, de m'avoir fait heureux? et vous repentez-vous de cet engagement où mes feux ont pu vous contraindre?

ÉLISE. Non, Valère, je ne puis pas me repentir de tout ce que je fais pour vous. Je m'y sens entraîner par une trop douce puissance, et je n'ai pas même la force de souhaiter que les choses ne fussent pas. Mais, à vous dire vrai, le succès me donne de l'inquiétude; et je crains fort de vous aimer un peu plus que je ne devrais.

VALÈRE. Hé que pouvez-vous craindre, Élise, dans les bontés que vous avez pour moi?

ÉLISE. Hélas! cent choses à la fois: l'emportement d'un père; les reproches d'une famille; les censures du monde; mais plus que tout, Valère, le changement de votre cœur; et cette froideur criminelle dont ceux de votre sexe payent le plus souvent les témoignages trop ardents d'une innocente amour.

Personen

HARPAGON, *Vater von Cleant und Élise, in Mariane verliebt.*
CLÉANTE, *Sohn von Harpagon, Geliebter von Mariane.*
ÉLISE, *Tochter von Harpagon, Geliebte von Valère.*
VALÈRE, *Sohn von Anselm, Geliebter von Élise.*
MARIANE, *Geliebte von Cléante, von Harpagon geliebt.*
ANSELME, *Vater von Valère und Mariane.*
FROSINE, *Heiratsvermittlerin.*
MEISTER SIMON, *Makler.*
MEISTER JACQUES, *Kutscher und Koch von Harpagon.*
LA FLÈCHE, *Diener von Cleant.*
FRAU CLAUDE, *eine Magd im Hause Harpagons.*
BRINDAVOINE, LA MERLUCHE, *Diener Harpagons.*
Ein POLIZEIKOMMISSAR und sein SCHREIBER.

Ort der Handlung: Paris.

Erster Akt

ERSTER AUFTRITT

VALERE, ÉLISE.

VALÈRE. Wie, meine bezaubernde Élise, Sie sind betrübt, nachdem Sie eben die Güte hatten, mir Ihre Treue zu schwören? Ach, seh ich Sie, mitten in meiner Freude seufzend? Tut es Ihnen leid, mich glücklich gemacht zu haben? Und bereuen Sie das Versprechen, zu dem meine Leidenschaft Sie überredet hat?

ÉLISE. Nein, Valère, ich kann nichts bereuen, was ich für Sie getan habe. Ich fühle mich durch eine allzu sanfte Gewalt dazu hingezogen und will nicht einmal wünschen, dass dies alles nicht geschehen ist. Aber wenn ich Ihnen die Wahrheit gestehen soll, die Zukunft beunruhigt mich und ich fürchte manchmal, dass ich Sie mehr liebe, als ich sollte.

VALÈRE. Aber, Élise, was können Sie bei Ihrer Güte zu mir befürchten?

ÉLISE. Ach, hundert Dinge gleichzeitig: den Zorn meines Vaters, die Vorwürfe der Familie, das Urteil der Gesellschaft; mehr aber als dies alles, Valère, die Wandelbarkeit Ihres Herzens und die schnöde Kälte, mit der ihr Männer so oft die zu warmen Äußerungen einer unschuldigen Zuneigung vergeltet.

VALÈRE. Ah! ne me faites pas ce tort, de juger de moi par les autres. Soupçonnez-moi de tout, Élise, plutôt que de manquer à ce que je vous dois. Je vous aime trop pour cela; et mon amour pour vous, durera autant que ma vie.

ÉLISE. Ah! Valère, chacun tient les mêmes discours. Tous les hommes sont semblables par les paroles; et ce n'est que les actions, qui les découvrent différents.

VALÈRE. Puisque les seules actions font connaître ce que nous sommes; attendez donc au moins à juger de mon cœur par elles, et ne me cherchez point des crimes dans les injustes craintes d'une fâcheuse prévoyance. Ne m'assassinez point, je vous prie, par les sensibles coups d'un soupçon outrageux; et donnez-moi le temps de vous convaincre, par mille et mille preuves, de l'honnêteté de mes feux.

ÉLISE. Hélas! qu'avec facilité on se laisse persuader par les personnes que l'on aime! Oui, Valère, je tiens votre cœur incapable de m'abuser. Je crois que vous m'aimez d'un véritable amour, et que vous me serez fidèle; je n'en veux point du tout douter, et je retranche mon chagrin aux appréhensions du blâme qu'on pourra me donner.

VALÈRE. Mais pourquoi cette inquiétude?

ÉLISE. Je n'aurais rien à craindre, si tout le monde vous voyait des yeux dont je vous vois; et je trouve en votre personne de quoi avoir raison aux choses que je fais pour vous. Mon cœur, pour sa défense, a tout votre mérite, appuyé du secours d'une reconnaissance où le Ciel m'engage envers vous. Je me représente à toute heure ce péril étonnant, qui commença de nous offrir aux regards l'un de l'autre; cette générosité surprenante, qui vous fit risquer votre vie, pour dérober la mienne à la fureur des ondes; ces soins pleins de tendresse, que vous me fîtes éclater après m'avoir tirée de l'eau; et les hommages assidus de cet ardent amour, que ni le temps, ni les difficultés, n'ont rebuté, et qui vous faisant négliger et parents et patrie, arrête vos pas en ces lieux, y tient en ma faveur votre fortune déguisée, et vous a réduit, pour me voir, à vous revêtir de l'emploi de domestique de mon père. Tout cela fait chez moi sans doute un merveilleux effet; et c'en est assez à mes yeux, pour me justifier l'engagement où j'ai pu consentir: mais ce n'est pas assez, peut-être, pour le justifier aux autres; et je ne suis pas sûre qu'on entre dans mes sentiments.

VALÈRE. De tout ce que vous avez dit, ce n'est que par mon seul amour que je prétends auprès de vous mériter quelque chose; et quant aux scrupules que vous avez, votre père, lui-même, ne prend que trop de

VALÈRE. Um alles in der Welt, tut mir nicht das Unrecht an, mich nach anderen zu beurteilen. Traut mir alles Mögliche zu, teure Élise, nur nicht, dass ich meine Pflicht Ihnen gegenüber vergessen könnte. Dazu liebe ich Sie zu sehr und meine Liebe wird nur mit meinem Leben enden!

ÉLISE. Ach, Valère, das sagt jeder. Alle Männer gleichen sich in ihren Reden und nur ihre Taten unterscheidet sie.

VALÈRE. Wenn wir nur an unseren Taten erkannt werden, so warten Sie wenigstens, bis Sie mein Herz nach meinem Tun beurteilen können, und lassen Sie Ihre ungerechtfertigte Furcht, die nur auf einer unglücklichen Vorausschau beruht, mir nicht Verbrechen andichten, die meiner Seele fernliegen. Erspart mir, ich bitte Sie, die tödlichen Hiebe eines kränkenden Verdachts und gönnt mir Zeit, Sie durch tausend und aber tausend Beweise von der Aufrichtigkeit meiner Liebe zu überzeugen.

ÉLISE. Wie leicht lässt man sich überreden, wenn man liebt! Ja, Valère, ich halte Sie für unfähig, mich zu betrügen. Ich glaube, dass Sie mich wirklich lieben und mit treu bleiben werden, ich will nicht länger zweifeln und meinen Kummer auf die Angst vor dem Tadel beschränken, der mich treffen wird.

VALÈRE. Warum aber sich Sorgen machen?

ÉLISE. Zu sorgen hab ich nicht, Valère, wenn die ganze Welt Sie mit meinen Augen betrachtete; und ich finde in Ihrer Person die besten Gründe für mich, zu handeln, wie ich es tue. Meine Herzenswahl wird gerechtfertigt durch Ihr Verdienst und stützt sich außerdem auf eine Dankbarkeit, zu der der Himmel selbst mich Ihnen gegenüber verpflichtet hat. Jede Stunde denke ich an die entsetzliche Gefahr, in der wir uns zuerst einander begegneten; an die bewundernswürdige Güte, mit der Sie Ihr Leben wagten, um das meinige den tobenden Wellen zu entreißen; an die zärtliche Sorgfalt, die Sie mir erwiesen haben, nachdem Sie mich aus den Fluten retteten, und an das fortdauernd dargebrachte Erweisen Ihrer Liebe, die weder Zeit noch Schwierigkeiten erschüttern konnten und die Sie dazu gebracht hat, Eltern und Heimat zu vergessen und hier zu bleiben. Sind Sie doch, um mich sehen zu können, so weit gegangen, eine Anstellung im Haus meines Vaters anzunehmen! Das alles musste einen unwiderstehlichen Eindruck auf mich machen und ist in meinen Augen mehr als hinreichend, um das Gelöbnis zu rechtfertigen, in das ich gestern eingewilligt habe; aber es genügt vielleicht nicht für die anderen, und ich bin nicht sicher, ob diese meine Ansichten gutheißen werden.

VALÈRE. Von allem, was Sie eben gesprochen haben, ist es nur meine Liebe, durch die ich hoffe, Ihnen etwas zu bedeuten; und was Ihre anderen Zweifel betrifft, sorgt leider Ihr Vater selbst am Besten dafür,

soin de vous justifier à tout le monde; et l'excès de son avarice, et la manière austère dont il vit avec ses enfants, pourraient autoriser des choses plus étranges. Pardonnez-moi, charmante Élise, si j'en parle ainsi devant vous. Vous savez que sur ce chapitre on n'en peut pas dire de bien. Mais enfin, si je puis, comme je l'espère, retrouver mes parents, nous n'aurons pas beaucoup de peine à nous le rendre favorable. J'en attends des nouvelles avec impatience, et j'en irai chercher moi-même, si elles tardent à venir.

ÉLISE. Ah! Valère, ne bougez d'ici, je vous prie; et songez seulement à vous bien mettre dans l'esprit de mon père.

VALÈRE. Vous voyez comme je m'y prends, et les adroites complaisances qu'il m'a fallu mettre en usage, pour m'introduire à son service; sous quel masque de sympathie, et de rapports de sentiments, je me déguise, pour lui plaire, et quel personnage je joue tous les jours avec lui, afin d'acquérir sa tendresse. J'y fais des progrès admirables; et j'éprouve que pour gagner les hommes, il n'est point de meilleure voie, que de se parer à leurs yeux de leurs inclinations; que de donner dans leurs maximes, encenser leurs défauts, et applaudir à ce qu'ils font. On n'a que faire d'avoir peur de trop charger la complaisance; et la manière dont on les joue, a beau être visible, les plus fins toujours sont de grandes dupes du côté de la flatterie; et il n'y a rien de si impertinent, et de si ridicule, qu'on ne fasse avaler, lorsqu'on l'assaisonne en louange. La sincérité souffre un peu au métier que je fais: mais quand on a besoin des hommes, il faut bien s'ajuster à eux; et puisqu'on ne saurait les gagner que par là, ce n'est pas la faute de ceux qui flattent, mais de ceux qui veulent être flattés.

ÉLISE. Mais que ne tâchez-vous aussi à gagner l'appui de mon frère, en cas que la servante s'avisât de révéler notre secret?

VALÈRE. On ne peut pas ménager l'un et l'autre; et l'esprit du père, et celui du fils, sont des choses si opposées, qu'il est difficile d'accommoder ces deux confidences ensemble. Mais vous, de votre part, agissez auprès de votre frère, et servez-vous de l'amitié qui est entre vous deux, pour le jeter dans nos intérêts. Il vient. Je me retire. Prenez ce temps pour lui parler; et ne lui découvrez de notre affaire, que ce que vous jugerez à propos.

ÉLISE. Je ne sais si j'aurai la force de lui faire cette confidence.

Sie vor der ganzen Welt zu rechtfertigen; denn sein übertriebener Geiz und die Strenge, mit der er seine Kinder behandelt, könnten noch ganz andere Dinge entschuldigen. Verzeihen Sie mir, geliebte Élise, wenn ich so vor seiner Tochter spreche. Sie wissen, man kann ihn in dieser Beziehung kein Lob aussprechen. Ich gebe aber die Hoffnung nicht auf, meine Eltern wiederzufinden, und wenn mir das gelingt, wird es nicht schwer sein, ihn für uns zu gewinnen. Ich erwarte mit Ungeduld Nachrichten von ihnen und will, wenn diese nicht bald eintreffen, mich selbst aufmachen, um sie mir zu holen.

ÉLISE. Ach, Valère, ich bitte Sie, verlassen Sie mich nicht und denken Sie nur daran, sich die Gunst meines Vaters zu verdienen.

VALÈRE Sie sehen ja, wie mir es bisher gelungen ist und durch welche geschickte Nachgiebigkeit ich es durchgesetzt habe, in seinen Dienst zu kommen; wie ich unter der Maske gleicher Zuneigungen und Gesinnungen es dahin gebracht habe, ihm zu gefallen, und welche Rolle ich täglich spiele, um mir seine Gewogenheit zu sichern. Ich habe auch schon die überraschendsten Fortschritte in seiner Gunst gemacht und überzeuge mich, dass es kein besseres Mittel gibt, sich bei den Menschen beliebt zu machen, als mit ihren eigenen Ansichten vor ihnen schön zu tun, ihre Grundsätze zu verteidigen, ihre Fehler zu vergöttern und alles zu bewundern, was sie tun. Man braucht nicht zu fürchten, diese Schmeichelei könnte ihnen übertrieben erscheinen; die Art, wie man sie zum Besten gibt, mag noch so augenscheinlich sein, selbst die Klügsten sind einem Schmeichler gegenüber überaus verblendet, und es gibt nichts so Geschmackloses und Lächerliches, das sie nicht schlucken, wenn man es mit Lob würzt. Sicher kommt die Ehrlichkeit bei solchem Tun, das ich jetzt treibe, ein wenig zu kurz; doch wenn man die Menschen braucht, muss man sich schon nach ihnen richten; und da man sie nur auf diese Weise gewinnen kann, sind nicht die Schmeichler die Schuldigen, sondern sie selbst, die nach Schmeicheleien lechzen.

ÉLISE. Warum bemühen Sie sich aber nicht auch um die Unterstützung meines Bruders; schon für den Fall, dass die Magd unser Geheimnis verrät?

VALÈRE. Das lässt sich nicht vereinigen; Vater und Sohn sind in ihrer Gesinnung so überaus verschieden, dass es mir unmöglich scheint, sich mit beiden gutzustellen. Sie aber tun das Ihrige bei Ihrem Bruder und benutzen Sie seine Freundschaft für sich, um ihn für unsere Interessen zu gewinnen. Er kommt und ich entferne mich. Der Augenblick ist günstig; sprechen Sie mit ihm, doch sagen Sie ihm nur über unser Verhältnis, was Sie für notwendig erachten.

ÉLISE. Ich weiß noch nicht, ob ich den Mut haben werde, es ihm anzuvertrauen.

SCÈNE II

CLÉANTE, ÉLISE.

CLÉANTE. Je suis bien aise de vous trouver seule, ma sœur; et je brûlais de vous parler, pour m'ouvrir à vous d'un secret.

ÉLISE. Me voilà prête à vous ouïr, mon frère. Qu'avez-vous à me dire?

CLÉANTE. Bien des choses, ma sœur, enveloppées dans un mot. J'aime.

ÉLISE. Vous aimez?

CLÉANTE. Oui, j'aime. Mais avant que d'aller plus loin, je sais que je dépends d'un père, et que le nom de fils me soumet à ses volontés; que nous ne devons point engager notre foi, sans le consentement de ceux dont nous tenons le jour; que le Ciel les a faits les maîtres de nos vœux, et qu'il nous est enjoint de n'en disposer que par leur conduite; que n'étant prévenus d'aucune folle ardeur, ils sont en état de se tromper bien moins que nous, et de voir beaucoup mieux ce qui nous est propre; qu'il en faut plutôt croire les lumières de leur prudence, que l'aveuglement de notre passion; et que l'emportement de la jeunesse nous entraine le plus souvent dans des précipices fâcheux. Je vous dis tout cela, ma sœur, afin que vous ne vous donniez pas la peine de me le dire: car enfin, mon amour ne veut rien écouter, et je vous prie de ne me point faire de remontrances.

ÉLISE. Vous êtes-vous engagé, mon frère, avec celle que vous aimez?

CLÉANTE. Non; mais j'y suis résolu; et je vous conjure encore une fois, de ne me point apporter de raisons pour m'en dissuader.

ÉLISE. Suis-je, mon frère, une si étrange personne?

CLÉANTE. Non, ma sœur, mais vous n'aimez pas. Vous ignorez la douce violence qu'un tendre amour fait sur nos cœurs; et j'appréhende votre sagesse.

ÉLISE. Hélas! mon frère, ne parlons point de ma sagesse. Il n'est personne qui n'en manque du moins une fois en sa vie; et si je vous ouvre mon cœur, peut-être serai-je à vos yeux bien moins sage que vous.

CLÉANTE. Ah! plût au Ciel que votre âme comme la mienne...

ÉLISE. Finissons auparavant votre affaire, et me dites qui est celle que vous aimez.

CLÉANTE. Une jeune personne qui loge depuis peu en ces quartiers, et qui semble être faite pour donner de l'amour à tous ceux qui la voient. La nature, ma sœur, n'a rien formé de plus aimable; et je me sentis

ZWEITE SZENE

CLÉANTE, ÉLISE.

CLÉANTE. Es ist gut, Sie allein zu treffen, Schwester, denn ich konnte es nicht erwarten, mit Ihnen zu sprechen, um Ihnen ein Geheimnis zu offenbaren.

ÉLISE. Ich bin ganz Ohr, lieber Bruder. Was haben Sie mir zu sagen?

CLÉANTE. Sehr viel, Schwester. Und doch umschließt das alles ein einziges Wort: Ich liebe.

ÉLISE. Sie lieben?

CLÉANTE. Ja, ich liebe. Ehe ich aber fortfahre, ich weiß, dass ich einen Vater habe, von dem ich abhänge, und dass der Name Sohn mich seinem Willen unterwirft; dass wir unser Herz nicht ohne die Einwilligung unsrer Eltern verschenken dürfen; dass der Himmel sie als Gebieter über unsere Wünsche eingesetzt hat und dass es unsere Pflicht ist, uns ihrer Führung zu überlassen; dass sie, von keiner törichten Leidenschaft beherrscht, in der Lage sind, sich weit weniger als wir selbst zu täuschen und viel besser zu beurteilen, was uns frommt; dass wir uns sicherer auf ihre Einsicht und ihr Urteil verlassen können, als auf unsere blinde Leidenschaft und dass die stürmische Heftigkeit der Jugend uns nur zu oft in die gefährlichsten Abgründe stürzt. Das alles sage ich Ihnen, meine gute Schwester, damit ich Ihnen die Mühe erspare, es mir zu sagen, denn meine Liebe will nichts hören und ich bitte Sie, mich mit allen Gegenvorstellungen zu verschonen.

ÉLISE. Haben Sie sich schon mit Ihrer Geliebten verlobt, Bruder?

CLÉANTE. Nein, aber ich bin dazu entschlossen und ich beschwöre Sie noch einmal, kommen Sie mir nicht mit Gründen, um mir es auszureden.

ÉLISE. Halten Sie mich denn für so wunderlich?

CLÉANTE. Nein, Schwester; aber Sie lieben nicht; Sie wissen nichts von der süßen Gewalt, die eine zärtliche Neigung über unser Herz hat, und ich fürchte Ihr besonnenes Urteil.

ÉLISE. Ach, Bruder, sprechen wir nicht von meiner Besonnenheit; es gibt niemanden, den sie nicht einmal im Stich ließe, und wenn ich Ihnen mein Herz eröffnen wollte, würde ich Ihnen vielleicht sehr viel unbesonnener vorkommen, als Sie sich selbst.

CLÉANTE. Oh, wollte doch Gott, dass Ihre Seele, wie die Meinige wäre ...

ÉLISE. Sprechen wir nur zuerst von Ihren Angelegenheiten und sagen Sie mir, wen Sie lieben?

CLÉANTE. Ein junges Mädchen, das erst seit Kurzem in dieser Gegend wohnt und ganz dazu geschaffen scheint, jedem, der sie erblickt, Liebe einzuflößen. Nie hat die Natur etwas Reizenderes geschaffen, und

transporté, dès le moment que je la vis. Elle se nomme Mariane, et vit sous la conduite d'une bonne femme de mère, qui est presque toujours malade, et pour qui cette aimable fille a des sentiments d'amitié qui ne sont pas imaginables. Elle la sert, la plaint, et la console avec une tendresse qui vous toucherait l'âme. Elle se prend d'un air le plus charmant du monde aux choses qu'elle fait, et l'on voit briller mille grâces en toutes ses actions; une douceur pleine d'attraits, une bonté toute engageante, une honnêteté adorable, une... Ah! ma sœur, je voudrais que vous l'eussiez vue.

ÉLISE. J'en vois beaucoup, mon frère, dans les choses que vous me dites; et pour comprendre ce qu'elle est, il me suffit que vous l'aimez.

CLÉANTE. J'ai découvert sous main, qu'elles ne sont pas fort accommodées, et que leur discrète conduite a de la peine à étendre à tous leurs besoins le bien qu'elles peuvent avoir. Figurez-vous, ma sœur, quelle joie ce peut être, que de relever la fortune d'une personne que l'on aime; que de donner adroitement quelques petits secours aux modestes nécessités d'une vertueuse famille; et concevez quel déplaisir ce m'est, de voir que par l'avarice d'un père, je sois dans l'impuissance de goûter cette joie, et de faire éclater à cette belle aucun témoignage de mon amour.

ÉLISE. Oui, je conçois assez, mon frère, quel doit être votre chagrin.

CLÉANTE. Ah! ma sœur, il est plus grand qu'on ne peut croire. Car enfin, peut-on rien voir de plus cruel, que cette rigoureuse épargne qu'on exerce sur nous? que cette sécheresse étrange où l'on nous fait languir? Et que nous servira d'avoir du bien, s'il ne nous vient que dans le temps que nous ne serons plus dans le bel âge d'en jouir? et si pour m'entretenir même, il faut que maintenant je m'engage de tous côtés; si je suis réduit avec vous à chercher tous les jours le secours des marchands, pour avoir moyen de porter des habits raisonnables? Enfin j'ai voulu vous parler, pour m'aider à sonder mon père sur les sentiments où je suis; et si je l'y trouve contraire, j'ai résolu d'aller en d'autres lieux, avec cette aimable personne, jouir de la fortune que le Ciel voudra nous offrir. Je fais chercher partout pour ce dessein, de l'argent à emprunter; et si vos affaires, ma sœur, sont semblables aux miennes, et qu'il faille que notre père s'oppose à nos désirs, nous le quitterons là tous deux, et nous affranchirons de cette tyrannie où nous tient depuis si longtemps son avarice insupportable.

ich war vom ersten Augenblick an bezaubert von ihrer Schönheit. Sie heißt Mariane und lebt unter der Obhut einer alten Mutter, die fast immer krank ist und für die das liebe Mädchen die rührendste Sorgfalt an den Tag legt. Sie pflegt sie, tröstet sie und bemitleidet sie in einer Weise, die dein ganzes Herz gewinnen würde. Alles, was sie tut, ist anmutig, jeder Bewegung verleiht sie einen neuen Reiz und zeigt eine so liebenswürdige Sanftmut, eine so unwiderstehliche Güte, eine so entzückende Sittsamkeit, ein ... Ach, Schwester, ich wünschte nur, Sie könnten sie sehen!

ÉLISE. Ich sehe schon genug, Bruder, aus allem, was Sie mir von ihr sagen; und um ihren Wert zu erkennen, brauche ich nur zu wissen, dass Sie sie lieben.

CLÉANTE. Ich habe zufällig erfahren, dass sie nicht wohlhabend sind und dass sie trotz ihrer Zurückgezogenheit Mühe haben, ihre wenigen Ausgaben zu bestreiten. Denke nur, Schwester, welche Freude es sein müsste, die Lage eines geliebten Wesens zu verbessern, auf seine Weise dem bescheidenen Bedarf einer tugendhaften Familie zu Hilfe zu kommen, und Sie werden einsehen, wie schmerzlich es für mich sein muss, mich durch den Geiz unseres Vaters außerstande zu sehen, mir dieses Glück zu verschaffen und meiner Geliebten irgendeinen Beweis meiner Zärtlichkeit zu geben.

ÉLISE. Ja, ich begreife ganz, Bruder, welchen Kummer Sie dabei empfinden müssen.

CLÉANTE. Ach, Schwester, er ist größer, als Sie ihn sich vorstellen können. Sagen Sie selbst, kann man sich etwas Grausameres denken, als die harte Sparsamkeit, die man gegen uns ausübt, und die unerhörte Dürftigkeit, in der wir schmachten müssen? Wozu hilft uns unser Vermögen, wenn es uns erst in einer Zeit zufällt, wo wir nicht mehr in den schönen Jahren sind, es genießen zu können? Wenn ich jetzt, um nur zu bestehen, nach allen Seiten Schulden machen muss und so wie Sie gezwungen bin, täglich die Gefälligkeit der Kaufleute in Anspruch zu nehmen, um mir nur einigermaßen anständige Kleider zu beschaffen? Ich habe Sie bitten wollen, liebste Schwester, mit unserem Vater über meine Neigung ausforschen zu helfen; und wenn ich sehe, dass er taub für meine Wünsche bleibt, bin ich entschlossen, mir eine andere Heimat zu suchen und mit dem geliebten Mädchen mein Schicksal dem Himmel anzuvertrauen. Ich bemühe mich deshalb, wo ich kann, Geld aufzunehmen, und wenn Ihre Lage, liebste Schwester, der meinigen gleichen sollte und unser Vater sich Ihnen ebenso widersetzt wie mir, dann lassen Sie uns ihm beide entfliehen und uns von der Tyrannei freimachen, in der sein unerträglicher Geiz uns schon so lange gefesselt hält.

ÉLISE. Il est bien vrai que tous les jours il nous donne, de plus en plus, sujet de regretter la mort de notre mère, et que...

CLÉANTE. J'entends sa voix. Éloignons-nous un peu, pour nous achever notre confidence; et nous joindrons après nos forces pour venir attaquer la dureté de son humeur.

SCÈNE III

HARPAGON, LA FLÈCHE.

HARPAGON. Hors d'ici tout à l'heure, et qu'on ne réplique pas. Allons, que l'on détale de chez moi, maître juré filou; vrai gibier de potence.

LA FLÈCHE. Je n'ai jamais rien vu de si méchant que ce maudit vieillard; et je pense, sauf correction, qu'il a le diable au corps.

HARPAGON. Tu murmures entre tes dents.

LA FLÈCHE. Pourquoi me chassez-vous?

HARPAGON. C'est bien à toi, pendard; à me demander des raisons: sors vite, que je ne t'assomme.

LA FLÈCHE. Qu'est-ce que je vous ai fait?

HARPAGON. Tu m'as fait, que je veux que tu sortes.

LA FLÈCHE. Mon maître, votre fils, m'a donné ordre de l'attendre.

HARPAGON. Va-t'en l'attendre dans la rue, et ne sois point dans ma maison planté tout droit comme un piquet, à observer ce qui se passe, et faire ton profit de tout. Je ne veux point avoir sans cesse devant moi un espion de mes affaires; un traître, dont les yeux maudits assiégent toutes mes actions, dévorent ce que je possède, et furettent de tous côtés pour voir s'il n'y a rien à voler.

LA FLÈCHE. Comment diantre voulez-vous qu'on fasse pour vous voler? Êtes-vous un homme volable, quand vous renfermez toutes choses, et faites sentinelle jour et nuit?

HARPAGON. Je veux renfermer ce que bon me semble, et faire sentinelle comme il me plaît. Ne voilà pas de mes mouchard s, qui prennent garde à ce qu'on fait? Je tremble qu'il n'ait soupçonné quelque chose de mon argent. Ne serais-tu point homme à aller faire courir le bruit que j'ai chez moi de l'argent caché?

LA FLÈCHE. Vous avez de l'argent caché?

HARPAGON. Non, coquin, je ne dis pas cela. *(À part.)* J'enrage. Je demande si malicieusement tu n'irais point faire courir le bruit que j'en ai.

LA FLÈCHE. Hé que nous importe que vous en ayez, ou que vous n'en ayez pas, si c'est pour nous la même chose?

ÉLISE. Es ist wahr, dass er uns täglich mehr und mehr Grund gibt, den Tod unserer Mutter aufs Neue zu beweinen.

CLÉANTE. Ich höre seine Stimme: Lassen Sie uns in Ihr Zimmer gehen, um unsere Geständnisse weiter auszutauschen, und dann mit vereinten Kräften einen Angriff auf seinen harten Sinn versuchen.

DRITTE SZENE

HARPAGON, LA FLECHE.

HARPAGON. Hinaus, sage ich! Mir aus den Augen, du Erztaugenichts! Verschwinde gleich aus meinem Haus, du Galgenstrick!

LA FLECHE. Habe ich je einen so boshaften alten Kerl gesehen! Ich glaube, bei meiner Seele, er hat den Teufel im Leibe.

HARPAGON. Du murrst noch?

LA FLECHE. Warum jagen Sie mich denn fort?

HARPAGON. Als ob dir's zukäme, du Schlingel, mich noch nach Gründen zu fragen! Drum marsch hinaus, sonst jage ich dich fort.

LA FLECHE. Was habe ich Ihnen nur getan?

HARPAGON. Gerade genug, damit ich dich los sein will.

LA FLECHE. Mein junger Herr hat mir befohlen, ihn hier zu erwarten.

HARPAGON. So geh und erwarte deinen jungen Herrn auf der Straße, und stehe mir nicht so kerzengerade wie eine Schildwache da, um alles auszukundschaften, was vorgeht, und dir an allem deinen Vorteil zu machen. Ich will nicht ewig einen Aufpasser zur Seite haben, einen Spürhund, dessen verdammte Augen alles bewachen, was ich tue, alles verschlingen, was ich besitze, und in allen Ecken umherspähen, um zu sehen, ob's nichts zu stehlen gibt.

LA FLECHE. Wie zum Teufel sollte man es denn anfangen, Sie zu bestehlen? Sind Sie ein bestehlbarer Mensch, Sie, der alles einschließt und Tag und Nacht Wache steht?

HARPAGON. Ich will verschließen, was mir beliebt, und Schildwache stehen, wie mir's gefällt. Du bist mir auch so ein Spion, der auf alles acht gibt. Wenn er nur nichts von meinem Geld ahnt. Du wärst wahrhaftig imstande und verbreitetest rundherum, ich hätte Geld bei mir versteckt?

LA FLECHE. Sie haben Geld bei sich versteckt?

HARPAGON. Nein, du Spitzbube, das sage ich nicht. *(Beiseite.)* Er bringt mich um den Verstand! Ich frage, ob du nicht boshaft genug wärst, mir es nachzusagen?

LA FLECHE. Uns kann's am Ende ganz einerlei sein, ob Sie welches haben oder ob Sie keins haben; wir bekommen doch nichts davon zu sehen!

HARPAGON. Tu fais le raisonneur; je te baillerai de ce raisonnement-ci par les oreilles. *(Il lève la main pour lui donner un soufflet.)* Sors d'ici encore une fois.
LA FLÈCHE. Hé bien, je sors.
HARPAGON. Attends. Ne m'emportes-tu rien?
LA FLÈCHE. Que vous emporterais-je?
HARPAGON. Viens çà, que je voie. Montre-moi tes mains.

LA FLÈCHE. Les voilà.
HARPAGON. Les autres.
LA FLÈCHE. Les autres?
HARPAGON. Oui.
LA FLÈCHE. Les voilà.
HARPAGON. N'as-tu rien mis ici dedans?
LA FLÈCHE. Voyez vous-même.
HARPAGON *(il tâte le bas de ses chausses)*. Ces grands hauts-de-chausses sont propres à devenir les recéleurs des choses qu'on dérobe; et je voudrais qu'on en eût fait pendre quelqu'un.
LA FLÈCHE. Ah! qu'un homme comme cela, mériterait bien ce qu'il craint! et que j'aurais de joie à le voler!

HARPAGON. Euh?
LA FLÈCHE. Quoi?
HARPAGON. Qu'est-ce que tu parles de voler?
LA FLÈCHE. Je dis que vous fouilliez bien partout, pour voir si je vous ai volé.
HARPAGON. C'est ce que je veux faire. *(Il fouille dans les poches de la Flèche.)*
LA FLÈCHE. La peste soit de l'avarice, et des avaricieux.

HARPAGON. Comment? que dis-tu?
LA FLÈCHE. Ce que je dis?
HARPAGON. Oui. Qu'est-ce que tu dis d'avarice, et d'avaricieux?
LA FLÈCHE. Je dis que la peste soit de l'avarice, et des avaricieux.

HARPAGON. De qui veux-tu parler?
LA FLÈCHE. Des avaricieux.
HARPAGON. Et qui sont-ils ces avaricieux?
LA FLÈCHE. Des vilains, et des ladres.
HARPAGON. Mais qui est-ce que tu entends par là?
LA FLÈCHE. De quoi vous mettez-vous en peine?
HARPAGON. Je me mets en peine de ce qu'il faut?
LA FLÈCHE. Est-ce que vous croyez que je veux parler de vous?

HARPAGON. Du diskutierst noch? Ich will dir meine Antwort hinters Ohr schreiben. *(Hebt die Hand, um ihm eine Ohrfeige zu geben.)* Und nun noch einmal, mach, dass du fortkommst!

LA FLECHE. Nun gut, ich gehe.

HARPAGON. Warte noch! Hast du nichts mitgenommen?

LA FLECHE. Was könnte ich denn auch mitnehmen?

HARPAGON. Komm sofort her, lass mich einmal nachsehen. Zeig mir deine Hände.

LA FLECHE. Da sind sie.

HARPAGON. Die anderen!

LA FLECHE. Die anderen?

HARPAGON. Ja.

LA FLECHE. Da sind sie.

HARPAGON. Hast du nichts da hineingesteckt?

LA FLECHE. Sehen Sie selbst nach!

HARPAGON *(befühlt den unteren Teil der Hose)*. Diese großen Pluderhosen sind wahre Diebeshöhlen und ich wünschte, man hängte einmal einen dafür an den Galgen.

LA FLECHE. Na! wenn der nicht verdient, dass ihm geschähe, was er fürchtet, dann weiß ich auch nicht. Welch ein Vergnügen müsste es sein, den zu bestehlen!

HARPAGON. He?

LA FLECHE. Was?

HARPAGON. Was sprichst du da von stehlen?

LA FLECHE. Ich sage, untersuchen Sie nur recht genau, um zu sehen, ob ich Sie bestohlen habe.

HARPAGON. Das will ich auch. *(Er wühlt in den Taschen von La Fleche.)*

LA FLECHE. Wenn doch der Teufel den Geiz holte und die Geizhälse dazu!

HARPAGON. Was? Was sagst du?

LA FLECHE. Was ich sage?

HARPAGON. Ja; was sagst du vom Geiz und von den Geizigen?

LA FLECHE. Ich sage: Wenn doch der Teufel den Geiz und alle Geizhälse holte!

HARPAGON. Wen meinst du damit?

LA FLECHE. Die Geizhälse.

HARPAGON. Und wer sind denn die Geizhälse?

LA FLECHE. Die Blutsauger und die Beutelschneider.

HARPAGON. Aber wen meinst du damit?

LA FLECHE. Was kümmert das Sie?

HARPAGON. Ich kümmere mich, um was mir gut dünkt.

LA FLECHE. Glauben Sie etwa, ich rede von Ihnen?

HARPAGON. Je crois ce que je crois; mais je veux que tu me dises à qui tu parles quand tu dis cela.

LA FLÈCHE. Je parle... Je parle à mon bonnet.

HARPAGON. Et moi, je pourrais bien parler à ta barrette.

LA FLÈCHE. M'empêcherez-vous de maudire les avaricieux?

HARPAGON. Non; mais je t'empêcherai de jaser, et d'être insolent. Tais-toi.

LA FLÈCHE. Je ne nomme personne.

HARPAGON. Je te rosserai, si tu parles.

LA FLÈCHE. Qui se sent morveux, qu'il se mouche.

HARPAGON. Te tairas-tu?

LA FLÈCHE. Oui, malgré moi.

HARPAGON. Ha, ha.

LA FLÈCHE *(lui montrant une des poches de son justaucorps).* Tenez, voilà encore une poche. Etes-vous satisfait?

HARPAGON. Allons, rends-le-moi sans te fouiller.

LA FLÈCHE. Quoi?

HARPAGON. Ce que tu m'as pris.

LA FLÈCHE. Je ne vous ai rien pris du tout.

HARPAGON. Assurément.

LA FLÈCHE. Assurément.

HARPAGON. Adieu. Va-t'en à tous les diables.

LA FLÈCHE. Me voilà fort bien congédié.

HARPAGON. Je te le mets sur ta conscience au moins. Voilà un pendard de valet qui m'incommode fort; et je ne me plais point à voir ce chien de boiteux-là.

SCÈNE IV

ÉLISE, CLÉANTE, HARPAGON.

HARPAGON. Certes, ce n'est pas une petite peine que de garder chez soi une grande somme d'argent; et bienheureux qui a tout son fait bien placé, et ne conserve seulement que ce qu'il faut pour sa dépense. On n'est pas peu embarrassé à inventer dans toute une maison une cache fidèle: car pour moi les coffres-forts me sont suspects, et je ne veux jamais m'y fier. Je les tiens justement une franche amorce à voleurs, et c'est toujours la première chose que l'on va attaquer. Cependant je ne sais si j'aurai bien fait, d'avoir enterré dans mon jardin dix mille écus qu'on me rendit hier. Dix mille écus en or chez soi, est une somme assez... *(Ici le frère et la sœur paraissent s'entretenant bas.)*

HARPAGON. Ich glaube, was ich glaube, aber du sollst mir sagen, zu wem du das alles sprichst?
LA FLECHE. Ich spreche ... ich spreche mit meiner Mütze.
HARPAGON. Nimm dich in acht! Oder ich werde mit deinen Ohren sprechen.
LA FLECHE. Wollen Sie mir verwehren, die Geizhälse zu verwünschen?
HARPAGON. Nein; aber ich werde dir's verwehren, unverschämtes Zeug zu schwatzen! Schweig!
LA FLECHE. Ich nenne ja niemand!
HARPAGON. Ich schlage dich, wenn du noch ein Wort sagst.
LA FLECHE. Wen es juckt, der kratze sich.
HARPAGON. Wirst du schweigen?
LA FLECHE. Ich muss wohl!
HARPAGON. Endlich!
LA FLECHE *(zeigt auf noch eine Tasche in seiner Weste)*. Seht, hier ist noch eine Tasche. Sind Sie nun zufrieden?
HARPAGON. Komm, gib mir's heraus, ohne dass ich visitiere.
LA FLECHE. Was?
HARPAGON. Was du mir gestohlen hast.
LA FLECHE. Ich habe Sie ganz und gar nicht bestohlen!
HARPAGON. Gewiss nicht?
LA FLECHE. Wahrhaftig nicht.
HARPAGON. Dann geh zum Teufel!
LA FLECHE. Schöne Empfehlung!
HARPAGON. Ich lege dir's auf dein Gewissen! Der Schlingel ist mir immer im Wege und ich kann den nichtsnutzigen hinkenden Taugenichts nicht mehr ersehen.

VIERTE SZENE

ÉLISE, CLÉANTE, HARPAGON.

HARPAGON. Es ist wahrhaftig keine kleine Sache, eine so große Summe in seinem Haus zu hüten, und der ist ein glücklicher Mann, der sein ganzes Vermögen sicher untergebracht und nur so viel behalten hat, wie er zu seinen täglichen Ausgaben braucht! Man hat wahrhaftig große Not, im ganzen Haus einen sicheren Winkel zu finden. Von den eisernen Geldkisten will ich nichts wissen und traue ihnen nicht; denn sie sind ein wahrer Köder für die Spitzbuben; an die machen sie sich immer zuerst heran. Und doch weiß ich nicht, ob es klug war, dass ich die dreißigtausend Livres, die man mir gestern brachte, im Garten vergraben habe. Dreißigtausend Livres in blankem Gold sind

Ô Ciel! je me serai trahi moi-même. La chaleur m'aura emporté; et je crois que j'ai parlé haut en raisonnant tout seul. Qu'est-ce?

CLÉANTE. Rien, mon père.
HARPAGON. Y a-t-il longtemps que vous êtes là?
ÉLISE. Nous ne venons que d'arriver.
HARPAGON. Vous avez entendu...
CLÉANTE. Quoi? mon père.
HARPAGON. Là...
ÉLISE. Quoi?
HARPAGON. Ce que je viens de dire.
CLÉANTE. Non.
HARPAGON. Si fait, si fait.
ÉLISE. Pardonnez-moi.
HARPAGON. Je vois bien que vous en avez ouï quelques mots. C'est que je m'entretenais en moi-même de la peine qu'il y a aujourd'hui à trouver de l'argent; et je disais, qu'il est bienheureux qui peut avoir dix mille écus chez soi.
CLÉANTE. Nous feignions à vous aborder, de peur de vous interrompre.
HARPAGON. Je suis bien aise de vous dire cela, afin que vous n'alliez pas prendre les choses de travers, et vous imaginer que je dise que c'est moi qui ai dix mille écus.
CLÉANTE. Nous n'entrons point dans vos affaires.
HARPAGON. Plût à Dieu que je les eusse dix mille écus!
CLÉANTE. Je ne crois pas...
HARPAGON. Ce serait une bonne affaire pour moi.
ÉLISE. Ce sont des choses...
HARPAGON. J'en aurais bon besoin.
CLÉANTE. Je pense que...
HARPAGON. Cela m'accommoderait fort.
ÉLISE. Vous êtes...
HARPAGON. Et je ne me plaindrais pas, comme je fais, que le temps est misérable.
CLÉANTE. Mon Dieu, mon père, vous n'avez pas lieu de vous plaindre; et l'on sait que vous avez assez de bien.
HARPAGON. Comment? j'ai assez de bien. Ceux qui le disent, en ont menti. Il n'y a rien de plus faux; et ce sont des coquins qui font courir tous ces bruits-là.
ÉLISE. Ne vous mettez point en colère.
HARPAGON. Cela est étrange! que mes propres enfants me trahissent, et deviennent mes ennemis!

wahrhaftig ein hübsches Kapital. *(Er bemerkt Bruder und Schwester, die sich leise unterhalten.)* O Himmel! Da werde ich mich selbst verraten haben! Der Eifer hat mich hingerissen, und ich glaube, ich habe laut vor ihnen gesprochen! Was gibt es?

CLÉANTE. Nichts, Vater!

HARPAGON. Seid ihr schon lange da?

ÉLISE. Wir kommen gerade eben.

HARPAGON. Ihr habt gewiss gehört …

CLÉANTE. Was denn, Vater?

HARPAGON. Jetzt eben!

ÉLISE. Was?

HARPAGON. Was ich zu mir selbst sprach.

CLÉANTE. Nein!

HARPAGON. Doch, doch!

ÉLISE. Gewiss nicht, Vater.

HARPAGON. Ich sehe es euch an, ihr müsst etwas gehört haben. Ich überlegte mir, wie schwer es heutzutage ist, Geld aufzutreiben, und sagte, das wäre ein glücklicher Mann, der dreißigtausend Livres im Hause liegen hätte.

CLÉANTE. Wir fürchteten, Sie zu stören, und wollten Sie nicht zuerst anreden.

HARPAGON. Ich wiederhole euch das mit Fleiß, damit ihr die Sache nicht falsch versteht und euch etwa einbildet, ich hätte selbst die dreißigtausend Livres.

CLÉANTE. Wir kümmern uns nicht um Ihre Angelegenheiten.

HARPAGON. Wollte Gott, ich hätte sie, die dreißigtausend Livres!

CLÉANTE. Ich glaube nicht ...

HARPAGON. Die wären mir sehr gelegen!

ÉLISE. Das sind Dinge ...

HARPAGON. Ich könnte sie sehr gut brauchen!

CLÉANTE. Ich denke ...

HARPAGON. Da wäre ich aus aller Verlegenheit!

ÉLISE. Sie sind ...

HARPAGON. Und hätte nicht nötig, über die schlechten Zeiten zu klagen!

CLÉANTE. Mein Gott, Vater, Sie haben auch keinen Grund zu klagen; man weiß ja, dass Sie vermögend genug sind.

HARPAGON. Was, ich wäre vermögend genug? Daran ist kein wahres Wort, und wer so etwas unter die Leute bringt, ist ein Schelm.

ÉLISE. Ereifern Sie sich doch darüber nicht!

HARPAGON. Es ist unerhört! Meine eigenen Kinder verraten mich und werden meine Feinde!

CLÉANTE. Est-ce être votre ennemi, que de dire que vous avez du bien?

HARPAGON. Oui, de pareils discours, et les dépenses que vous faites, seront cause qu'un de ces jours on me viendra chez moi couper la gorge, dans la pensée que je suis tout cousu de pistoles.

CLÉANTE. Quelle grande dépense est-ce que je fais?

HARPAGON. Quelle? Est-il rien de plus scandaleux, que ce somptueux équipage que vous promenez par la ville? Je querellais hier votre sœur, mais c'est encore pis. Voilà qui crie vengeance au Ciel; et à vous prendre depuis les pieds jusqu'à la tête, il y aurait là de quoi faire une bonne constitution. Je vous l'ai dit vingt fois, mon fils, toutes vos manières me déplaisent fort; vous donnez furieusement dans le marquis; et pour aller ainsi vêtu, il faut bien que vous me dérobiez.

CLÉANTE. Hé comment vous dérober?

HARPAGON. Que sais-je? Où pouvez-vous donc prendre de quoi entretenir l'état que vous portez?

CLÉANTE. Moi? mon père: c'est que je joue; et comme je suis fort heureux, je mets sur moi tout l'argent que je gagne.

HARPAGON. C'est fort mal fait. Si vous êtes heureux au jeu, vous en devriez profiter, et mettre à honnête intérêt l'argent que vous gagnez, afin de le trouver un jour. Je voudrais bien savoir, sans parler du reste, à quoi servent tous ces rubans dont vous voilà lardé depuis les pieds jusqu'à la tête; et si une demi-douzaine d'aiguillettes ne suffit pas pour attacher un haut-de-chausses? Il est bien nécessaire d'employer de l'argent à des perruques, lorsque l'on peut porter des cheveux de son cru, qui ne coûtent rien. Je vais gager qu'en perruques et rubans, il y a du moins vingt pistoles; et vingt pistoles rapportent par année dix-huit livres six sols huit deniers, à ne les placer qu'au denier douze.

CLÉANTE. Vous avez raison.

HARPAGON. Laissons cela, et parlons d'autre affaire. Euh? je crois qu'ils se font signe l'un à l'autre, de me voler ma bourse. Que veulent dire ces gestes-là?

CLÉANTE. Ist man denn Ihr Feind, wenn man Sie wohlhabend nennt?

HARPAGON. Ja freilich! Solche Rede und deine unsinnigen Ausgaben werden noch zur Folge haben, dass man demnächst bei mir einbrechen und mir den Hals abschneiden wird, weil man denkt, ich schwimme in Gold.

CLÉANTE. Was für große Ausgaben mache ich denn?

HARPAGON. Was für Ausgaben? Ist es denn nicht eine wahre Schande, sich in einem so kostbaren Anzug in der Stadt herumzutreiben? Ich zankte gestern mit Ihrer Schwester; aber Sie sind noch zehn Mal schlimmer. Das schreit ja zum Himmel; und wie Sie da gehen und stehen, ließe sich ein ganz hübscher Rentenvertrag aus dem unnützen Plunder formulieren. Ich habe es Ihnen zwanzig Mal gesagt, Herr Sohn, alle Ihre Manieren missfallen mir im höchsten Grade. Es ist ja ganz erschrecklich, wie Sie den Marquis spielen! Um sich solche Kleider anschaffen zu können, müssen Sie mich bestehlen.

CLÉANTE. Wie? Ich Sie bestehlen?

HARPAGON. Was weiß ich! Woher nehmen Sie sonst das Geld für all den Flitterstaat?

CLÉANTE. Ich, Vater? Ich spiele; und da ich Glück im Spiel habe, verwende ich den Gewinn für meinen Anzug.

HARPAGON. Daran tun Sie eher unrecht. Wenn Sie Glück im Spiel haben, sollten Sie es benutzen und das gewonnene Geld auf gute Interessen anlegen; dann hätten Sie etwas, wenn Sie es brauchen. Ich möchte doch wissen, abgesehen von allem anderen, wozu die Unmasse von Bändern nützt, mit denen Sie vom Kopf bis zu den Füßen gespickt sind, und ob ein halbes Dutzend Nesseln nicht genug wäre, um Ihre Pluderhosen an die Weste zu heften. Es ist wahrhaftig wohl nötig, Geld für Perücken auszugeben, wenn man sein eigenes Haar tragen kann, das nichts kostet! Ich will wetten, in Ihrer Perücke und Ihren Bändern stecken mindestens zwanzig Pistolen[1], und zwanzig Pistolen bringen im Jahr achtzehn Livres acht Sous und acht Deniers, wenn man sie auch nur mit zwölf Prozent verleiht.

CLÉANTE. Das ist richtig.

HARPAGON. Aber jetzt von etwas anderem. He! Ich glaube, sie machen sich einander Zeichen, um mir meine Börse zu stehlen. Was bedeuten alle die Winke?

---

1 Pistolen: spanische Goldmünzen

ÉLISE. Nous marchandons, mon frère et moi, à qui parlera le premier; et nous avons tous deux quelque chose à vous dire.
HARPAGON. Et moi, j'ai quelque chose aussi à vous dire à tous deux.
CLÉANTE. C'est de mariage, mon père, que nous désirons vous parler.

HARPAGON. Et c'est de mariage aussi que je veux vous entretenir.

ÉLISE. Ah! mon père.
HARPAGON. Pourquoi ce cri? Est-ce le mot, ma fille, ou la chose, qui vous fait peur?
CLÉANTE. Le mariage peut nous faire peur à tous deux, de la façon que vous pouvez l'entendre; et nous craignons que nos sentiments ne soient pas d'accord avec votre choix.

HARPAGON. Un peu de patience. Ne vous alarmez point. Je sais ce qu'il faut à tous deux; et vous n'aurez ni l'un, ni l'autre, aucun lieu de vous plaindre de tout ce que je prétends faire. Et pour commencer par un bout; avez-vous vu, dites moi, une jeune personne appelée Mariane, qui ne loge pas loin d'ici?

CLÉANTE. Oui, mon père.
HARPAGON. Et vous?
ÉLISE. J'en ai ouï parler.
HARPAGON. Comment, mon fils, trouvez-vous cette fille?
CLÉANTE. Une fort charmante personne.
HARPAGON. Sa physionomie?
CLÉANTE. Toute honnête, et pleine d'esprit.
HARPAGON. Son air, et sa manière?
CLÉANTE. Admirables, sans doute.
HARPAGON. Ne croyez-vous pas, qu'une fille comme cela, mériterait assez que l'on songeât à elle?
CLÉANTE. Oui, mon père.
HARPAGON. Que ce serait un parti souhaitable?
CLÉANTE. Très souhaitable.
HARPAGON. Qu'elle a toute la mine de faire un bon ménage?

CLÉANTE. Sans doute.
HARPAGON. Et qu'un mari aurait satisfaction avec elle?
CLÉANTE. Assurément.
HARPAGON. Il y a une petite difficulté; c'est que j'ai peur qu'il n'y ait pas avec elle tout le bien qu'on pourrait prétendre.

ÉLISE. Wir besprechen eben, mein Bruder und ich, wer zuerst mit Ihnen sprechen soll, denn wir haben Ihnen beide etwas zu sagen.

HARPAGON. Und ich habe euch beiden gleichfalls etwas zu sagen.

CLÉANTE. Wir wünschen, lieber Vater, mit Ihnen vom Heiraten zu sprechen.

HARPAGON. Und über eine Heirat wollte ich gerade eben auch mit euch reden.

ÉLISE. Ach, Vater!

HARPAGON. Was erschrecken Sie denn so? Ist es das Wort oder die Sache, die Ihnen bange macht?

CLÉANTE. Nach der Art, wie Sie wahrscheinlich die Sache auffassen, kann eine Heirat uns beide wohl erschrecken und wir sind in der Besorgnis, dass unsere Gefühle nicht mit Ihrer Wahl übereinstimmen werden.

HARPAGON. Nur ein wenig Geduld. Macht euch keine Unruhe. Ich weiß, was sich für euch beide schickt, und ihr sollt weder der eine noch die andere den kleinsten Grund haben, euch über meine Pläne zu beklagen. Um also die Sache vom einen Ende anzufangen ... sagen Sie mir doch, haben Sie eine junge Person gesehen, die Mariane heißt und nicht weit von hier wohnt?

CLÉANTE. Ja, Vater.

HARPAGON. Und Sie?

ÉLISE. Ich habe von ihr gehört.

HARPAGON. Nun, mein Sohn, wie gefällt Ihnen das Mädchen?

CLÉANTE. Ich finde sie außerordentlich hübsch.

HARPAGON. Ihre Physiognomie?

CLÉANTE. Ganz Güte und Verstand.

HARPAGON. Ihre Haltung und ihr Benehmen?

CLÉANTE. Durchaus liebenswürdig, ohne Frage.

HARPAGON. Scheint Ihnen nicht, ein solches Mädchen verdient, dass man an sie denkt?

CLÉANTE. Ja freilich, lieber Vater.

HARPAGON. Dass es eine wünschenswerte Partie sein würde?

CLÉANTE. Im höchsten Grade wünschenswert.

HARPAGON. Dass sie ganz danach aussieht, als würde sie eine gute Hausfrau abgeben?

CLÉANTE. Ohne allen Zweifel.

HARPAGON. Und dass ein Mann schon mit ihr zufrieden sein könnte?

CLÉANTE. Ganz gewiss!

HARPAGON. Es ist allerdings eine kleine Schwierigkeit dabei: Ich fürchte, sie wird nicht so viel Vermögen haben, wie man wohl verlangen könnte.

CLÉANTE. Ah! mon père, le bien n'est pas considérable, lorsqu'il est question d'épouser une honnête personne.
HARPAGON. Pardonnez-moi, pardonnez-moi. Mais ce qu'il y a à dire, c'est que si l'on n'y trouve pas tout le bien qu'on souhaite, on peut tâcher de regagner cela sur autre chose.
CLÉANTE. Cela s'entend.
HARPAGON. Enfin je suis bien aise de vous voir dans mes sentiments: car son maintien honnête, et sa douceur, m'ont gagné l'âme; et je suis résolu de l'épouser, pourvu que j'y trouve quelque bien.

CLÉANTE. Euh?
HARPAGON. Comment?
CLÉANTE. Vous êtes résolu, dites-vous...
HARPAGON. D'épouser Mariane.
CLÉANTE. Qui vous? vous?
HARPAGON. Oui, moi, moi; moi. Que veut dire cela?
CLÉANTE. Il m'a pris tout à coup un éblouissement, et je me retire d'ici.
HARPAGON. Cela ne sera rien. Allez vite boire dans la cuisine un grand verre d'eau claire. Voilà de mes damoiseaux flouets, qui n'ont non plus de vigueur que des poules. C'est là, ma fille, ce que j'ai résolu pour moi. Quant à ton frère, je lui destine une certaine veuve dont ce matin on m'est venu parler; et pour toi, je te donne au seigneur Anselme.

ÉLISE. Au seigneur Anselme?
HARPAGON. Oui. Un homme mûr, prudent et sage, qui n'a pas plus de cinquante ans, et dont on vante les grands biens.

ÉLISE *(elle fait une révérence).* Je ne veux point me marier, mon père, s'il vous plaît.
HARPAGON *(il contrefait sa révérence).* Et moi, ma petite fille ma mie, je veux que vous vous mariiez, s'il vous plaît.

ÉLISE. Je vous demande pardon, mon père.
HARPAGON. Je vous demande pardon, ma fille.
ÉLISE. Je suis très humble servante au seigneur Anselme; mais, avec votre permission, je ne l'épouserai point.
HARPAGON. Je suis votre très humble valet; mais, avec votre permission, vous l'épouserez dès ce soir.
ÉLISE. Dès ce soir?
HARPAGON. Dès ce soir.
ÉLISE. Cela ne sera pas, mon père.

CLÉANTE. Ach, Vater, auf das Vermögen muss man nicht sehen, wenn sich's darum handelt, ein so vortreffliches Mädchen zu heiraten.

HARPAGON. Erlauben Sie, mein Sohn, erlauben Sie! Indes, wenn sich denn auch nicht so viel Kapital vorfindet, wie zu wünschen wäre, so lässt sich das immer auf andere Weise wieder einbringen.

CLÉANTE. Das versteht sich!

HARPAGON. Nun, es ist mir recht lieb zu sehen, dass Sie einer Meinung mit mir sind, denn ihr sittsames Wesen und ihre Sanftmut haben mich für sie eingenommen, und ich habe beschlossen, sie zur Frau zu nehmen, wenn sie nur irgendetwas Geld hat.

CLÉANTE. Was?

HARPAGON. Nun?

CLÉANTE. Sie sind entschlossen, sagen Sie ...

HARPAGON. Mariane zu heiraten.

CLÉANTE. Wer? Sie? Sie?

HARPAGON. Ja doch! Ich! Ich! Was soll das heißen?

CLÉANTE. Mir ist nicht ganz wohl; ich will an die frische Luft gehen.

HARPAGON. Das wird weiter nichts sein. Lassen Sie sich gleich in der Küche ein Glas kaltes Wasser geben! Da haben wir unsere Modeherrchen, unsere zarten, schmächtigen Stutzer, die nicht mehr Saft und Kraft in den Gliedern haben, als ein junges Huhn. Das war also, meine Tochter, was ich für mich ausgesucht habe. Was Ihren Bruder anbelangt, so bestimme ich dem eine Witwe, von der man mir heute morgen erzählt hat; und Sie, mein Kind, sollen Herrn Anselme heiraten.

ÉLISE. Herrn Anselme?

HARPAGON. Ja; ein gesetzter, vorsichtiger und verständiger Mann, der nicht über fünfzig Jahre alt ist, und, wie man mir rühmt, ein schönes Vermögen besitzt.

ÉLISE *(macht ihm einen Knicks).* Mit Ihrer Erlaubnis, mein Herr Vater, ich will mich nicht verheiraten.

HARPAGON *(macht ebenfalls einen Knicks).* Und ich, Fräulein Naseweis, mein Schatz, ich bestehe darauf, mit deiner Erlaubnis, dass du dich verheiratest.

ÉLISE. Ich bitte um Verzeihung, mein Vater.

HARPAGON. Ich bitte um Verzeihung, meine Tochter.

ÉLISE. Ich bin des Herrn Anselme untertänigste Dienerin; aber mit Ihrer Erlaubnis, heiraten werde ich ihn nicht.

HARPAGON. Ich bin dein untertänigster Diener, aber heiraten wirst du ihn noch heute Abend.

ÉLISE. Heute Abend, sagen Sie?

HARPAGON. Heute Abend, sage ich.

ÉLISE. Das wird nicht geschehen, mein Vater.

HARPAGON. Cela sera, ma fille.
ÉLISE. Non.
HARPAGON. Si.
ÉLISE. Non, vous dis-je.
HARPAGON. Si, vous dis-je.
ÉLISE. C'est une chose où vous ne me réduirez point.
HARPAGON. C'est une chose où je te réduirai.
ÉLISE. Je me tuerai plutôt, que d'épouser un tel mari.
HARPAGON. Tu ne te tueras point, et tu l'épouseras. Mais voyez quelle audace! A-t-on jamais vu une fille parler de la sorte à son père?

ÉLISE. Mais a-t-on jamais vu un père marier sa fille de la sorte?

HARPAGON. C'est un parti où il n'y a rien à redire; et je gage que tout le monde approuvera mon choix.
ÉLISE. Et moi, je gage qu'il ne saurait être approuvé d'aucune personne raisonnable.
HARPAGON. Voilà Valère; veux-tu qu'entre nous deux nous le fassions juge de cette affaire?
ÉLISE. J'y consens.
HARPAGON. Te rendras-tu à son jugement?
ÉLISE. Oui, j'en passerai par ce qu'il dira.
HARPAGON. Voilà qui est fait.

SCÈNE V

VALÈRE, HARPAGON, ÉLISE.

HARPAGON. Ici, Valère. Nous t'avons élu pour nous dire qui a raison, de ma fille, ou de moi.
VALÈRE. C'est vous, Monsieur, sans contredit.
HARPAGON. Sais-tu bien de quoi nous parlons?
VALÈRE. Non. Mais vous ne sauriez avoir tort, et vous êtes toute raison.

HARPAGON. Je veux ce soir lui donner pour époux un homme aussi riche que sage; et la coquine me dit au nez, qu'elle se moque de le prendre. Que dis-tu de cela?
VALÈRE. Ce que j'en dis?
HARPAGON. Oui.
VALÈRE. Eh, eh.
HARPAGON. Quoi?

HARPAGON. Das wird doch geschehen, meine Tochter.
ÉLISE. Nein!
HARPAGON. Doch!
ÉLISE. Nein, sage ich Ihnen.
HARPAGON. Doch, sage ich dir.
ÉLISE. Sie werden mich nie dazu zwingen.
HARPAGON. Ich werde dich schon dazu zwingen.
ÉLISE. Lieber, als einen solchen Mann zu heiraten, bringe ich mich um.
HARPAGON. Du wirst dich nicht umbringen und wirst ihn heiraten. Aber sehe mir einer den Trotz! Hat man je eine Tochter so mit ihrem Vater sprechen hören?
ÉLISE. Hat man aber auch je einen Vater seine Tochter so verheiraten sehen?
HARPAGON. Gegen die Heirat ist nichts einzuwenden, und ich wette, dass alle Welt meine Wahl billigen wird.
ÉLISE. Und ich wette, kein vernünftiger Mensch wird sie gutheißen.

HARPAGON. Da kommt Valère. Willst du, dass wir ihn zum Schiedsrichter zwischen uns beiden machen?
ÉLISE. Damit bin ich einverstanden.
HARPAGON. Wirst du dich seinem Urteil unterwerfen?
ÉLISE. Ja, was er sagt, will ich tun.
HARPAGON. Abgemacht!

FÜNFTE SZENE

VALÈRE, HARPAGON, ÉLISE.

HARPAGON. Hierher, Valère! Wir haben ausgemacht, meine Tochter und ich, dass du entscheiden sollst, wer von uns beiden recht hat.
VALÈRE. Ohne Zweifel Sie, gnädiger Herr.
HARPAGON. Weißt du denn, um was es sich handelt?
VALÈRE. Nein. Aber Sie können ein für alle Mal nicht unrecht haben; denn Sie sind die Weisheit selbst.
HARPAGON. Ich will sie heute Abend mit einem anständigen und reichen Mann verheiraten und der Grasaffe sagt mir ins Gesicht, daraus könne nichts werden. Was sagst du dazu?
VALÈRE. Was ich dazu sage?
HARPAGON. Ja.
VALÈRE. Hm! hm!
HARPAGON. Nun?

VALÈRE. Je dis que dans le fond je suis de votre sentiment; et vous ne pouvez pas que vous n'ayez raison. Mais aussi n'a-t-elle pas tort tout à fait, et...

HARPAGON. Comment? Le seigneur Anselme est un parti considérable; c'est un gentilhomme qui est noble, doux, posé, sage, et fort accommodé, et auquel il ne reste aucun enfant de son premier mariage. Saurait-elle mieux rencontrer?

VALÈRE. Cela est vrai. Mais elle pourrait vous dire que c'est un peu précipiter les choses, et qu'il faudrait au moins quelque temps pour voir si son inclination pourra s'accommoder avec...

HARPAGON. C'est une occasion qu'il faut prendre vite aux cheveux. Je trouve ici un avantage, qu'ailleurs je ne trouverais pas; et il s'engage à la prendre sans dot.

VALÈRE. Sans dot?

HARPAGON. Oui.

VALÈRE. Ah! je ne dis plus rien. Voyez-vous, voilà une raison tout à fait convaincante; il se faut rendre à cela.

HARPAGON. C'est pour moi une épargne considérable.

VALÈRE. Assurément, cela ne reçoit point de contradiction. Il est vrai que votre fille vous peut représenter que le mariage est une plus grande affaire qu'on ne peut croire; qu'il y va d'être heureux, ou malheureux, toute sa vie; et qu'un engagement qui doit durer jusqu'à la mort, ne se doit jamais faire qu'avec de grandes précautions.

HARPAGON. Sans dot.

VALÈRE. Vous avez raison. Voilà qui décide tout, cela s'entend. Il y a des gens qui pourraient vous dire qu'en de telles occasions l'inclination d'une fille est une chose sans doute où l'on doit avoir de l'égard; et que cette grande inégalité d'âge, d'humeur, et de sentiments, rend un mariage sujet à des accidents très fâcheux.

HARPAGON. Sans dot.

VALÈRE. Ah! il n'y a pas de réplique à cela. On le sait bien. Qui diantre peut aller là contre? Ce n'est pas qu'il n'y ait quantité de pères qui aimeraient mieux ménager la satisfaction de leurs filles, que l'argent qu'ils pourraient donner; qui ne les voudraient point sacrifier à l'intérêt, et chercheraient plus que toute autre chose, à mettre dans un mariage cette douce conformité qui sans cesse y maintient l'honneur, la tranquillité, et la joie; et que...

HARPAGON. Sans dot.

VALÈRE. Il est vrai. Cela ferme la bouche à tout, sans dot. Le moyen de résister à une raison comme celle-là?

HARPAGON *(il regarde vers le jardin)*. Ouais. Il me semble que j'entends un chien qui aboie. N'est-ce point qu'on en voudrait à mon argent? Ne bougez, je reviens tout à l'heure.

VALÈRE. Ich sage, dass ich im Grunde Ihrer Meinung bin, denn Sie können nicht anders als recht haben; aber sie hat ihrerseits auch nicht völlig unrecht.

HARPAGON. Was! Herr Anselme ist eine höchst vorteilhafte Partie; er ist ein Edelmann von wirklichem Adel, ein stiller, gesetzter, verständiger und sehr reicher Mann, dessen Kinder alle gestorben sind. Kann sie denn Besseres verlangen?

VALÈRE. Das ist wahr. Aber sie könnte Ihnen vielleicht einwenden, dass Sie die Sache etwas übereilen und dass man wenigstens noch einige Zeit warten sollte, um zu sehen, ob ihre Neigung ...

HARPAGON. Ach was! Solch eine Gelegenheit muss man beim Schopf packen. Es wird mir hier ein Vorteil geboten, den ich anderswo nie wieder finden würde; er verpflichtet sich, sie ohne Mitgift zu nehmen.

VALÈRE. Ohne Mitgift?

HARPAGON. Ja.

VALÈRE. Ah, dann sage ich nichts mehr. Ja, sehen Sie, das entscheidet ohne Weiteres; da muss man die Segel streichen.

HARPAGON. Das ist für mich eine große Ersparnis.

VALÈRE. Natürlich; dagegen ist nichts einzuwenden. Freilich könnte Ihre Tochter Ihnen klarmachen, dass die Heirat für sie eine hochwichtige Sache ist; dass es sich um das Glück oder Unglück ihres ganzen Lebens handelt; und dass eine Verbindung, die nur der Tod trennen kann, mit der größten Vorsicht geschlossen werden muss.

HARPAGON. Ohne Mitgift!

VALÈRE. Sie haben recht; damit ist alles gesagt, das versteht sich. Es gibt zwar Leute, die Ihnen entgegnen könnten, dass in solchen Fällen die Zuneigung eines Mädchens berücksichtigt werden sollte und dass eine so große Ungleichheit des Alters, des Naturells und Gefühls eine Ehe den verdrießlichsten Zufällen aussetzen kann ...

HARPAGON. Ohne Mitgift!

VALÈRE. Freilich, darauf lässt sich nichts erwidern, das sehe ich wohl ein. Wer zum Teufel kann dagegen aufkommen? Es gibt allerdings Väter, denen die Zufriedenheit ihrer Töchter lieber ist als das Geld, das sie ihnen mitzugeben hätten; die nicht daran denken, sie ihrem Interesse zu opfern, und die vor allen Dingen danach streben, eine Ehe auf die schöne Harmonie zu gründen, die allein imstande ist, ihr Ehre, Ruhe und Glück zu sichern ...

HARPAGON. Ohne Mitgift!

VALÈRE. Ja, da liegt's; da muss jeder verstummen. Ohne Mitgift! Wer kann solch einem Grund widerstehen?

HARPAGON *(sieht zum Garten)*. Still, was war das? Ich glaube, der Hund hat gebellt. Gewiss sind Diebe bei meinem Geld. Geh nicht fort, ich bin gleich wieder da.

ÉLISE. Vous moquez-vous, Valère, de lui parler comme vous faites?

VALÈRE. C'est pour ne point l'aigrir, et pour en venir mieux à bout. Heurter de front ses sentiments, est le moyen de tout gâter; et il y a de certains esprits qu'il ne faut prendre qu'en biaisant; des tempéraments ennemis de toute résistance; des naturels rétifs, que la vérité fait cabrer, qui toujours se roidissent contre le droit chemin de la raison, et qu'on ne mène qu'en tournant où l'on veut les conduire. Faites semblant de consentir à ce qu'il veut, vous en viendrez mieux à vos fins, et...

ÉLISE. Mais ce mariage, Valère?

VALÈRE. On cherchera des biais pour le rompre.

ÉLISE. Mais quelle invention trouver, s'il se doit conclure ce soir?

VALÈRE. Il faut demander un délai, et feindre quelque maladie.

ÉLISE. Mais on découvrira la feinte, si l'on appelle des médecins.

VALÈRE. Vous moquez-vous? Y connaissent-ils quelque chose? Allez, allez, vous pourrez avec eux avoir quel mal il vous plaira, ils vous trouveront des raisons pour vous dire d'où cela vient.

HARPAGON. Ce n'est rien, Dieu merci.

VALÈRE. Enfin notre dernier recours, c'est que la fuite nous peut mettre à couvert de tout; et si votre amour, belle Élise, est capable d'une fermeté... *(Il aperçoit Harpagon.)* Oui, il faut qu'une fille obéisse à son père. Il ne faut point qu'elle regarde comme un mari est fait; et lorsque la grande raison de *sans dot* s'y rencontre, elle doit être prête à prendre tout ce qu'on lui donne.

HARPAGON. Bon. Voilà bien parlé cela.

VALÈRE. Monsieur, je vous demande pardon, si je m'emporte un peu, et prends la hardiesse de lui parler comme je fais.

HARPAGON. Comment? j'en suis ravi, et je veux que tu prennes sur elle un pouvoir absolu. Oui, tu as beau fuir. Je lui donne l'autorité que le Ciel me donne sur toi, et j'entends que tu fasses tout ce qu'il te dira.

VALÈRE. Après cela, résistez à mes remontrances. Monsieur, je vais la suivre, pour lui continuer les leçons que je lui faisais.

HARPAGON. Oui, tu m'obligeras. Certes...

VALÈRE. Il est bon de lui tenir un peu la bride haute.

HARPAGON. Cela est vrai. Il faut...

VALÈRE. Ne vous mettez pas en peine, je crois que j'en viendrai à bout.

ÉLISE. Sind Sie von Sinnen, Valère, dass Sie so zu ihm sprechen?

VALÈRE. Das muss ich, um ihn nicht zu verbittern und um desto eher zu meinem Ziel zu gelangen. Ihm geradezu zu widersprechen, wäre das Mittel, alles zu verderben; es gibt Charaktere, denen man nur durch Nachgiebigkeit beikommen kann, Temperamente, die keinen Widerspruch ertragen; störrische Naturen, die sich gegen die Wahrheit aufbäumen, vom geraden Weg der Vernunft nichts wissen wollen und sich nur auf Umwegen dahin führen lassen, wohin man sie haben will. Stellen Sie sich nur, als fügten Sie sich in seinen Willen, so werden Sie Ihren Zweck viel leichter erreichen ...

ÉLISE. Aber diese Heirat, Valère!

VALÈRE. Wir müssen Ausflüchte suchen, sie zu hintertreiben.

ÉLISE. Was lässt sich denn aber ersinnen, wenn der Vertrag heute Abend unterschrieben werden soll?

VALÈRE. Sie verlangen einen Aufschub, geben Sie vor, Sie wären krank.

ÉLISE. Wenn aber ein Arzt geholt wird, kommt die Wahrheit an den Tag!

VALÈRE. Glauben Sie das im Ernst? Was verstehen denn die Ärzte davon! Geht, geht; bei denen können Sie Krankheiten nennen, wie Ihnen einfällt; sie werden Ihnen gewiss Argumente finden, um Ihnen auszulegen, wo das Übel herrührt.

HARPAGON. Es war nichts, Gott sei Dank!

VALÈRE. Und dann haben wir ja noch das letzte Mittel, das uns gegen alles schützt, die Flucht. Wenn Ihre Liebe, meine teure Élise, Festigkeit genug besitzt ... *(Er sieht Harpagon.)* Ja, eine Tochter muss ihrem Vater gehorchen. Wie der ihr bestimmte Mann aussieht, das muss ihr einerlei sein; und wenn das große Argument »ohne Mitgift« ins Spiel kommt, muss sie sich jeden gefallen lassen, den man ihr vorschlägt.

HARPAGON. Bravo! Vortrefflich gesprochen!

VALÈRE. Gnädiger Herr, Sie müssen entschuldigen, dass ich so in Eifer kam und es mir herausnahm, so resolut mit ihr zu sprechen.

HARPAGON. Ei, das macht mir ja die größte Freude und ich räume dir die unbedingteste Gewalt über sie ein. Ja, laufe nur davon; ich erteile ihm alle Gewalt, die mir der Himmel über dich verliehen hat, und verlange, dass du alles tust, was er dir sagen wird.

VALÈRE. Werden Sie sich meinen Vorstellungen jetzt noch widersetzen? Gnädiger Herr, ich werde ihr nachgehen und in meinen Ermahnungen weiter fortfahren.

HARPAGON. Das soll mir ganz lieb sein; denn wahrhaftig ...

VALÈRE. Man muss ihr den Zügel ein wenig straff halten ...

HARPAGON. Ja, das muss man. Es wird gut sein ...

VALÈRE. Seien Sie unbesorgt. Ich glaube, ich werde mit ihr fertig werden!

HARPAGON. Fais, fais. Je m'en vais faire un petit tour en ville, et reviens tout à l'heure.

VALÈRE. Oui, l'argent est plus précieux que toutes les choses du monde; et vous devez rendre grâces au Ciel, de l'honnête homme de père qu'il vous a donné. Il sait ce que c'est que de vivre. Lorsqu'on s'offre de prendre une fille sans dot, on ne doit point regarder plus avant. Tout est renfermé là-dedans, et *sans dot* tient lieu de beauté, de jeunesse, de naissance, d'honneur, de sagesse, et de probité.

HARPAGON. Ah le brave garçon! Voilà parlé comme un oracle. Heureux, qui peut avoir un domestique de la sorte!

Acte 2

SCÈNE PREMIÈRE

CLÉANTE, LA FLÈCHE.

CLÉANTE. Ah! traître que tu es, où t'es-tu donc allé fourrer? Ne t'avais-je pas donné ordre...

LA FLÈCHE. Oui, Monsieur, et je m'étais rendu ici pour vous attendre de pied ferme; mais Monsieur votre père, le plus malgracieux des hommes, m'a chassé dehors malgré moi, et j'ai couru risque d'être battu.

CLÉANTE. Comment va notre affaire? Les choses pressent plus que jamais; et depuis que je ne t'ai vu, j'ai découvert que mon père est mon rival.

LA FLÈCHE. Votre père amoureux?

CLÉANTE. Oui; et j'ai eu toutes les peines du monde à lui cacher le trouble où cette nouvelle m'a mis.

LA FLÈCHE. Lui se mêler d'aimer! De quoi diable s'avise-t-il? Se moque-t-il du monde? Et l'amour a-t-il été fait pour des gens bâtis comme lui?

CLÉANTE. Il a fallu, pour mes péchés, que cette passion lui soit venue en tête.

LA FLÈCHE. Mais par quelle raison lui faire un mystère de votre amour?

CLÉANTE. Pour lui donner moins de soupçon, et me conserver au besoin des ouvertures plus aisées pour détourner ce mariage. Quelle réponse t'a-t-on faite?

LA FLÈCHE. Ma foi, Monsieur, ceux qui empruntent sont bien malheureux; et il faut essuyer d'étranges choses, lorsqu'on en est réduit à passer, comme vous, par les mains des fesse-mathieux!

HARPAGON. Nur immer zu! Ich mache nur einen kleinen Gang durch die Stadt und komme gleich wieder zurück.

VALÈRE. Ja, das Geld ist kostbarer als alles Übrige in der Welt, und Sie müssen dem Himmel dankbar dafür sein, dass er Ihnen einen so braven Vater gegeben hat. Der weiß, was zum Leben gehört. Wenn sich jemand erbietet, ein Mädchen ohne Mitgift nehmen zu wollen, da darf man weder rechts noch links sehen; in dem Wort liegt alles. Ohne Mitgift: das ersetzt Schönheit, Jugend, Geburt, Ehre, Verstand und Rechtschaffenheit.

HARPAGON. Der brave Junge! Spricht er nicht wahrhaftig wie ein Orakel! Glücklich, wer einen solchen Diener gefunden hat!

Zweiter Aufzug

ERSTE SZENE

CLÉANTE, LA FLECHE.

CLÉANTE. Sage mir, du Erztaugenichts, wo hast du denn gesteckt? Hatte ich dir nicht befohlen ...

LA FLECHE. Ja, gnädiger Herr; ich hatte mich auch hier eingefunden; aber Ihr Vater, der ungnädigste aller Menschen, hat mich gegen meinen Willen aus dem Haus gejagt und mich beinahe geprügelt.

CLÉANTE. Wie steht's mit unserem Geschäft? Es ist höchste Zeit, denn ich habe inzwischen die Entdeckung gemacht, dass mein Vater mein Nebenbuhler ist.

LA FLECHE. Ihr Vater ist verliebt?

CLÉANTE. Ja, und ich habe alle mögliche Mühe gehabt, ihm meine Bestürzung zu verbergen.

LA FLECHE. Der will sich noch mit Liebeshändeln abgeben? Was zum Teufel fällt ihm denn ein! Ist er nicht gescheit! Als ob die Liebe für seinesgleichen erfunden wäre!

CLÉANTE. Zur Strafe meiner Sünden hat er auf den Einfall kommen müssen!

LA FLECHE. Warum haben Sie ihm aber auch von Ihrer Liebe ein Geheimnis gemacht?

CLÉANTE. Um weniger Verdacht bei ihm zu erregen und um mir für den Notfall noch Mittel und Wege offen zu halten, wie ich diese Heirat verhindern kann. Was hat man dir geantwortet?

LA FLECHE. Bei meiner Seele, gnädiger Herr, wer borgen will, ist schlimm dran, und man muss sich wunderliche Zumutungen gefal-

CLÉANTE. L'affaire ne se fera point?

LA FLÈCHE. Pardonnez-moi. Notre maître Simon, le courtier qu'on nous a donné, homme agissant, et plein de zèle, dit qu'il a fait rage pour vous; et il assure, que votre seule physionomie lui a gagné le cœur.

CLÉANTE. J'aurai les quinze mille francs que je demande?

LA FLÈCHE. Oui; mais à quelques petites conditions, qu'il faudra que vous acceptiez, si vous avez dessein que les choses se fassent.

CLÉANTE. T'a-t-il fait parler à celui qui doit prêter l'argent?

LA FLÈCHE. Ah! vraiment, cela ne va pas de la sorte. Il apporte encore plus de soin à se cacher que vous, et ce sont des mystères bien plus grands que vous ne pensez. On ne veut point du tout dire son nom, et l'on doit aujourd'hui l'aboucher avec vous dans une maison empruntée, pour être instruit, par votre bouche, de votre bien, et de votre famille; et je ne doute point que le seul nom de votre père ne rende les choses faciles.

CLÉANTE. Et principalement notre mère étant morte, dont on ne peut m'ôter le bien.

LA FLÈCHE. Voici quelques articles qu'il a dictés lui-même à notre entremetteur, pour vous être montrés, avant que de rien faire: «Supposé que le prêteur voie toutes ses sûretés, et que l'emprunteur soit majeur, et d'une famille où le bien soit ample, solide, assuré, clair, et net de tout embarras; on fera une bonne et exacte obligation par-devant un notaire, le plus honnête homme qu'il se pourra, et qui pour cet effet sera choisi par le prêteur, auquel il importe le plus que l'acte soit dûment dressé.»

CLÉANTE. Il n'y a rien à dire à cela.

LA FLÈCHE. «Le prêteur, pour ne charger sa conscience d'aucun scrupule, prétend ne donner son argent qu'au denier dix-huit.»

CLÉANTE. Au denier dix-huit? Parbleu, voilà qui est honnête. Il n'y a pas lieu de se plaindre.

LA FLÈCHE. Cela est vrai. «Mais comme ledit prêteur n'a pas chez lui la somme dont il est question, et que pour faire plaisir à l'emprunteur, il est contraint lui-même de l'emprunter d'un autre, sur le pied du denier cinq; il conviendra que ledit premier emprunteur paye cet intérêt,

len lassen, wenn man so wie Sie in die Hände der Pfandwucherer geraten ist.

CLÉANTE. Also wird nichts aus der Sache?

LA FLECHE. Bitte um Vergebung. Unser Meister Simon, der Makler, den man uns empfohlen hat, ist ein rühriger, eifriger Mann; er versichert, er habe Himmel und Hölle in Bewegung gesetzt, und schwört, schon allein Ihre Physiognomie habe sein Herz gewonnen.

CLÉANTE. Also beschafft er mir die fünfzehntausend Livres?

LA FLECHE. Ja; aber unter gewissen kleinen Bedingungen, die Sie sich gefallen lassen müssen, wenn Sie wollen, dass die Sache zustande kommt.

CLÉANTE. Hast du mit dem Menschen gesprochen, der das Geld hergeben soll?

LA FLECHE. Ach, gnädiger Herr, so leicht geht das nicht. Der ist noch viel mehr darauf erpicht als Sie, seinen Namen geheim zu halten, und es stecken viel größere Mysterien dahinter, als Sie sich vorstellen können. Wie er heißt, sollen Sie schlechterdings nicht erfahren; er will heute mit Ihnen in einem eigens dazu gemieteten Zimmer zusammenkommen, um von Ihnen das Nähere über Ihr Vermögen und Ihre Familie zu erfragen. Ich zweifle aber nicht, dass die Sache sich machen wird, wenn Sie ihm Ihren Vater nennen.

CLÉANTE. Und besonders, wenn ich ihm sage, dass meine Mutter gestorben ist, deren Vermögen mir niemand nehmen kann.

LA FLECHE. Hier sind einige Artikel, die er unserem Makler selbst diktiert hat und die Ihnen mitgeteilt werden sollen, ehe er sich auf etwas einlässt. »Vorausgesetzt, dass der Darleiher sich von der gehörigen Sicherheit überzeuge und der Schuldner mündig und aus einer Familie sei, deren Vermögen ansehnlich, solide, gesichert und dabei schulden- und prozessfrei ist, soll eine rechtsgültige bündige Obligation von einem Notar aufgesetzt werden, der ein möglichst ehrlicher Mann sein muss und den der Darleiher, dem am meisten daran liegt, dass besagtes Dokument in gehöriger Form verfasst sei, selbst aussuchen wird.«

CLÉANTE. Dagegen ist nichts zu sagen.

LA FLECHE. »Der Darleiher, der sein Gewissen nicht beschweren will, erklärt, sein Geld nur mit achtzehn Prozent verleihen zu wollen.«

CLÉANTE. Nur achtzehn Prozent? Bei Gott, das ist ja sehr anständig; darüber darf man nicht klagen.

LA FLECHE. Das ist wahr. »Aber, da besagter Darleiher die verlangte Summe nicht in Kassa hat, und um dem Schuldner gefällig zu sein, sich genötigt sieht, selbige von einem anderen zu leihen und mit zwanzig Prozent zu verzinsen, wird der vorgedachte erste Schuldner sich dazu verstehen müssen, diesen Zins, ohne Präjudiz des anderen,

sans préjudice du reste, attendu que ce n'est que pour l'obliger, que ledit prêteur s'engage à cet emprunt.»

CLÉANTE. Comment diable! quel Juif! quel Arabe est-ce là? c'est plus qu'au denier quatre.

LA FLÈCHE. Il est vrai, c'est ce que j'ai dit. Vous avez à voir là-dessus.

CLÉANTE. Que veux-tu que je voie? J'ai besoin d'argent; et il faut bien que je consente à tout.

LA FLÈCHE. C'est la réponse que j'ai faite.

CLÉANTE. Il y a encore quelque chose?

LA FLÈCHE. Ce n'est plus qu'un petit article. «Des quinze mille francs qu'on demande, le prêteur ne pourra compter en argent que douze mille livres; et pour les mille écus restants, il faudra que l'emprunteur prenne les hardes, nippes, et bijoux, dont s'ensuit le mémoire, et que ledit prêteur a mis, de bonne foi, au plus modique prix qu'il lui a été possible.»

CLÉANTE. Que veut dire cela?

LA FLÈCHE. Écoutez le mémoire. «Premièrement, un lit de quatre pieds, à bandes de points de Hongrie, appliquées fort proprement sur un drap de couleur d'olive; avec six chaises, et la courte-pointe de même; le tout bien conditionné, et doublé d'un petit taffetas changeant rouge et bleu. Plus, un pavillon à queue, d'une bonne serge d'Aumale rose-sèche; avec le mollet et les franges de soie.»

CLÉANTE. Que veut-il que je fasse de cela?

LA FLÈCHE. Attendez. «Plus, une tenture de tapisserie, des amours de Gombaut, et de Macée. Plus, une grande table de bois de noyer, à douze colonnes, ou piliers tournés, qui se tire par les deux bouts, et garnie par le dessous de ses six escabelles.»

CLÉANTE. Qu'ai-je affaire, morbleu...

LA FLÈCHE. Donnez-vous patience. «Plus, trois gros mousquets tout garnis de nacre de perles, avec les trois fourchettes assortissantes. Plus, un fourneau de brique, avec deux cornues, et trois récipients, fort utiles à ceux qui sont curieux de distiller.»

CLÉANTE. J'enrage.

LA FLÈCHE. Doucement. «Plus, un luth de Bologne, garni de toutes ses cordes, ou peu s'en faut. Plus, un trou-madame, et un damier, avec un jeu de l'oie renouvelé des Grecs, fort propres à passer le temps lorsque l'on n'a que faire. Plus, une peau d'un lézard, de trois pieds et demi, remplie de foin; curiosité agréable, pour pendre au plancher d'une chambre. Le tout, ci-dessus mentionné, valant loyalement plus

zu bezahlen; da besagter Darleiher nur ihm zu Gefallen diese Anleihe aufnimmt.«

CLÉANTE. Was zum Teufel! Der Kerl ist ja ein Jude, ein wahrer Araber! Das kommt ja auf mehr als fünfundzwanzig Prozent hinaus!

LA FLECHE. Sehr richtig; das habe ich auch gesagt. Sie mögen es sich nun überlegen.

CLÉANTE. Was ist da noch viel zu überlegen? Ich brauche das Geld und muss mich wohl in alles fügen.

LA FLECHE. Das war auch meine Antwort.

CLÉANTE. Ist sonst noch etwas?

LA FLECHE. Nur noch ein kleiner Artikel. »Von den verlangten fünfzehntausend Livres kann der Darleiher in barem Geld nur zwölftausend zahlen und muss für die fehlenden dreitausend der Schuldner die nachstehend verzeichneten Mobilien, Schmucksachen, Kostbarkeiten und Geschmeide annehmen, die gedachter Verleiher auf Treu und Glauben zu den erdenklichst mäßigen Preisen notiert hat.«

CLÉANTE. Was soll das heißen?

LA FLECHE. Nun, hört nur das Verzeichnis! »Primo, ein Bett mit vier Füßen und olivenfarbigen Gardinen, auf welche Streifen von ungarischen Kirchenspitzen sehr sauber aufgenäht sind, nebst sechs Stühlen und einer Paradedecke vom gleichen Stoff: alles wohl konditioniert und mit rot und blau schillerndem Taft gefüttert; weiter, ein Betthimmel von gutem, trocknem, Rosenblätter farbenem Serge d'Aumale nebst Garnierung und Franzen aus Seide.«

CLÉANTE. Was denkt er sich, dass ich mit dem Zeug anfangen soll?

LA FLECHE. Warten Sie nur! »Weiter, ein Gehänge von gewirkten Tapeten, auf welchen die Geschichte vom Gombaud und der schönen Macée vorgestellt ist; weiter, ein großer Tisch aus Nussbaumholz mit zwölf Füßen oder gedrehten Pfeilern, der an beiden Enden ausgezogen werden kann und unten mit sechs Fußbrettern versehen ist.«

CLÉANTE. Was zum Teufel soll mir denn der Plunder?

LA FLECHE. Nur Geduld! »Weiter, drei große Musketen, ganz mit Perlmutt eingelegt nebst den dazu gehörigen Gabeln; weiter, ein Ofen aus Ziegelsteinen nebst zwei Retorten und drei Rezipienten; sehr nützlich für solche, die Vergnügen daran finden, zu destillieren.«

CLÉANTE. Ich möchte rasend werden!

LA FLECHE. Nur ganz still! »Weiter, eine Bologneser Laute mit allen Saiten bis auf wenige fehlende; weiter, ein Trou-Madamespiel und ein Damenbrett nebst einem Gänsespiel, wie es von den Griechen entlehnt ist; sehr gut, um die Zeit zu vertreiben, wenn man sonst nichts zu tun hat; weiter, eine Eidechsenhaut, viertelhalb Fuß lang und mit Heu ausgestopft; sehr angenehme Kuriosität, um sie an der Decke eines Zimmers aufzuhängen. Alles hier Benannte, unter Brüdern aller

de quatre mille cinq cents livres, et rabaissé à la valeur de mille écus, par la discrétion du prêteur.»

CLÉANTE. Que la peste l'étouffe avec sa discrétion, le traître, le bourreau qu'il est. A-t-on jamais parlé d'une usure semblable? Et n'est-il pas content du furieux intérêt qu'il exige, sans vouloir encore m'obliger à prendre, pour trois mille livres, les vieux rogatons qu'il ramasse? Je n'aurai pas deux cents écus de tout cela; et cependant il faut bien me résoudre à consentir à ce qu'il veut; car il est en état de me faire tout accepter, et il me tient, le scélérat, le poignard sur la gorge.

LA FLÈCHE. Je vous vois, Monsieur, ne vous en déplaise, dans le grand chemin justement que tenait Panurge pour se ruiner, prenant argent d'avance, achetant cher, vendant à bon marché, et mangeant son blé en herbe.

CLÉANTE. Que veux-tu que j'y fasse? Voilà où les jeunes gens sont réduits par la maudite avarice des pères; et on s'étonne après cela que les fils souhaitent qu'ils meurent.

LA FLÈCHE. Il faut avouer que le vôtre animerait contre sa vilanie, le plus posé homme du monde. Je n'ai pas, Dieu merci, les inclinations fort patibulaires; et parmi mes confrères, que je vois se mêler de beaucoup de petits commerces, je sais tirer adroitement mon épingle du jeu, et me démêler prudemment de toutes les galanteries qui sentent tant soit peu l'échelle: mais, à vous dire vrai, il me donnerait, par ses procédés, des tentations de le voler; et je croirais, en le volant, faire une action méritoire.

CLÉANTE. Donne-moi un peu ce mémoire, que je le voie encore.

wenigstens auf viertausendfünfhundert Livres geschätzt, ist aus besonderer Billigkeit des Verleihers nur zu einem Taxationswert von dreitausend Livres angenommen.«

CLÉANTE. So wollte ich doch, dass die Pest den Schurken, den Blutsauger mitsamt seiner besonderen Billigkeit holt! Hat man wohl je von einem solchen Wucher gehört? Und kann er nicht mit den haarsträubenden Zinsen zufrieden sein, die er verlangt, muss er mich noch zwingen, für dreitausend Livres altes Gerümpel anzunehmen? Nicht fünfhundert Livres bekomme ich dafür und doch werde ich mich entschließen müssen, in alles einzuwilligen, was er verlangt; denn er hat es jetzt in der Hand, mich zu allem zu zwingen; der Bösewicht setzt mir das Messer an die Kehle und ich muss mich fügen.

LA FLECHE. Nehmen Sie mir es nicht übel, gnädiger Herr; aber Sie sind genau auf derselben großen Heerstraße, auf der Panurge zu seinem Ruin gelangte. Sie nehmen Geld voraus, kaufen teuer, verkaufen wohlfeil und verzehren all Ihr Gut.

CLÉANTE. Was soll ich aber machen? Dahin führt der verdammte Geiz der Väter die jungen Leute; und dann wundert man sich noch, wenn es Söhne gibt, die ihren Tod wünschen!

LA FLECHE. Soviel ist gewiss, die Knauserei des Ihrigen könnte den ruhigsten Menschen von der Welt wild machen. Der Galgen, Gott sei's gedankt, hat keine sonderliche Attraktion für mich, und ich weiß auch unter meinen Kameraden, die sich mitunter allerlei Schmuggel erlauben, meinen Einsatz immer genau zur rechten Zeit zurückzuziehen, und nehme mich wohl in acht vor allen Kunststücken, die nach dem Strick schmecken. Aber das muss ich sagen, Ihr Vater mit seinem Geiz könnte mir Lust machen, ihn zu bestehlen, und wenn mir's gelänge, würde ich glauben, ein gutes Werk getan zu haben.

CLÉANTE. Gib mir das Verzeichnis, dass ich es mir noch einmal durchlese.

SCÈNE II

MAÎTRE SIMON, HARPAGON, CLÉANTE, LA FLÈCHE.

MAÎTRE SIMON. Oui, Monsieur, c'est un jeune homme qui a besoin d'argent. Ses affaires le pressent d'en trouver, et il en passera par tout ce que vous en prescrirez.

HARPAGON. Mais croyez-vous, Maître Simon, qu'il n'y ait rien à péricliter? et savez-vous le nom, les biens, et la famille de celui pour qui vous parlez?

MAÎTRE SIMON. Non, je ne puis pas bien vous en instruire à fond, et ce n'est que par aventure que l'on m'a adressé à lui; mais vous serez de toutes choses éclairci par lui-même; et son homme m'a assuré, que vous serez content, quand vous le connaîtrez. Tout ce que je saurais vous dire, c'est que sa famille est fort riche, qu'il n'a plus de mère déjà; et qu'il s'obligera, si vous voulez, que son père mourra avant qu'il soit huit mois.

HARPAGON. C'est quelque chose que cela. La charité, Maître Simon, nous oblige à faire plaisir aux personnes, lorsque nous le pouvons.

MAÎTRE SIMON. Cela s'entend.

LA FLÈCHE. Que veut dire ceci? Notre maître Simon qui parle à votre père.

CLÉANTE. Lui aurait-on appris qui je suis? et serais-tu pour nous trahir?

MAÎTRE SIMON. Ah, ah, vous êtes bien pressés! Qui vous a dit que c'était céans? Ce n'est pas moi, Monsieur, au moins, qui leur ai découvert votre nom, et votre logis: mais, à mon avis, il n'y a pas grand mal à cela. Ce sont des personnes discrètes; et vous pouvez ici vous expliquer ensemble.

HARPAGON. Comment?

MAÎTRE SIMON. Monsieur est la personne qui veut vous emprunter les quinze mille livres dont je vous ai parlé.

HARPAGON. Comment, pendard, c'est toi qui t'abandonnes à ces coupables extrémités?

CLÉANTE. Comment, mon père, c'est vous qui vous portez à ces honteuses actions?

HARPAGON. C'est toi qui te veux ruiner par des emprunts si condamnables?

CLÉANTE. C'est vous qui cherchez à vous enrichir par des usures si criminelles?

HARPAGON. Oses-tu bien, après cela, paraître devant moi?

ZWEITE SZENE

MEISTER SIMON, HARPAGON, CLÉANTE, LA FLECHE.

MEISTER SIMON. Ja, mein Herr, es ist ein junger Mensch, der Geld braucht; er steht bis zum Hals im Wasser und wird sich alles gefallen lassen, was Sie ihm vorschreiben.

HARPAGON. Sind Sie aber auch sicher, Meister Simon, dass nichts zu befürchten ist? Und kennen Sie den Namen, das Vermögen und die Familie des jungen Menschen?

MEISTER SIMON. Nein. Besseren Bescheid kann ich Ihnen über das alles noch nicht geben, denn ich bin nur ganz zufällig an ihn gekommen; aber er selbst wird Ihnen jede Auskunft erteilen, und sein Diener versichert mir, dass Sie vollkommen zufrieden sein werden, wenn Sie seine Bekanntschaft gemacht haben. Alles, was ich Ihnen sagen kann, ist, dass seine Familie sehr reich ist und dass er keine Mutter mehr hat. Auch kann er dafür einstehen, wenn Sie es verlangen, dass sein Vater höchstens noch acht Monate zu leben hat.

HARPAGON. Das lässt sich hören. Die christliche Liebe, Meister Simon, befiehlt uns, unseren Mitmenschen gefällig zu sein, wo wir können.

MEISTER SIMON. Versteht sich.

LA FLECHE. Aber was soll das heißen? Unser Meister Simon, der mit Ihrem Vater spricht?

CLÉANTE. Sollte er vielleicht gar erfahren haben, dass ich es bin? Du hast mich doch nicht verraten?

MEISTER SIMON. Ei, ei, Sie sind ja sehr in Eile! Wer hat Ihnen denn schon gesagt, wo Sie uns finden würden? Glauben Sie aber nicht, gnädiger Herr, dass ich ihm Ihr Haus und Ihren Namen verraten habe; aber, wie mir scheint, hat es nicht viel zu bedeuten; es sind verschwiegene Leute und Sie können sich sehr gut hier mit ihnen besprechen.

HARPAGON. Was?

MEISTER SIMON. Das ist der junge Herr, der die fünfzehntausend Livres von Ihnen leihen will; derselbe, von dem ich Ihnen erzählt habe.

HARPAGON. Was, du Galgenstrick! Also du bist's, der sich auf solche schändliche letzte Mittel einlässt?

CLÉANTE. Also Sie sind's, mein Vater, der sich mit solchen ehrlosen Geschäften abgibt?

HARPAGON. Du bist's, der sich durch so lästerliches Borgen ruinieren will?

CLÉANTE. Sie sind's, der sich durch so verbrecherischen Wucher bereichert?

HARPAGON. Wagst du noch nach dem allen, mir unter die Augen zu treten?

CLÉANTE. Osez-vous bien, après cela, vous présenter aux yeux du monde?

HARPAGON. N'as-tu point de honte, dis-moi, d'en venir à ces débauches-là? de te précipiter dans des dépenses effroyables? et de faire une honteuse dissipation du bien que tes parents t'ont amassé avec tant de sueurs?

CLÉANTE. Ne rougissez-vous point, de déshonorer votre condition, par les commerces que vous faites? de sacrifier gloire et réputation, au désir insatiable d'entasser écu sur écu? et de renchérir, en fait d'intérêts, sur les plus infâmes subtilités qu'aient jamais inventées les plus célèbres usuriers?

HARPAGON. Ôte-toi de mes yeux, coquin, ôte-toi de mes yeux.

CLÉANTE. Qui est plus criminel, à votre avis, ou celui qui achète un argent dont il a besoin, ou bien celui qui vole un argent dont il n'a que faire?

HARPAGON. Retire-toi, te dis-je, et ne m'échauffe pas les oreilles. Je ne suis pas fâché de cette aventure; et ce m'est un avis de tenir l'œil, plus que jamais, sur toutes ses actions.

SCÈNE III

FROSINE, HARPAGON.

FROSINE. Monsieur...

HARPAGON. Attendez un moment. Je vais revenir vous parler. Il est à propos que je fasse un petit tour à mon argent.

SCÈNE IV

LA FLÈCHE, FROSINE.

LA FLÈCHE. L'aventure est tout à fait drôle. Il faut bien qu'il ait quelque part un ample magasin de hardes; car nous n'avons rien reconnu au mémoire que nous avons.

FROSINE. Hé c'est toi, mon pauvre la Flèche! D'où vient cette rencontre?

LA FLÈCHE. Ah, ah, c'est toi, Frosine, que viens-tu faire ici?

FROSINE. Ce que je fais partout ailleurs; m'entremettre d'affaires, me rendre serviable aux gens, et profiter du mieux qu'il m'est possible des

CLÉANTE. Wagen Sie noch nach dem allen, sich der Welt zu zeigen?

HARPAGON. Schämst du dich nicht, sage mir, deine heillose Wirtschaft soweit getrieben zu haben? Dich in so schreckliche Ausgaben zu stürzen und das Vermögen, das deine Eltern mit Schweiß und Mühe zusammenbrachten, so schändlich zu vergeuden?

CLÉANTE. Und Sie, erröten Sie nicht, Ihren Stand durch solche schmutzige Prellereien zu entehren; Ihren Ruf und guten Namen der unersättlichen Begierde Taler auf Taler zusammenzuscharren, zum Opfer zu bringen und die nichtswürdigsten Kniffe, die je von den verruchtesten Wucherern ersonnen wurden, noch zu überbieten?

HARPAGON. Fort, aus meinen Augen, du Schurke! Fort, aus meinen Augen!

CLÉANTE. Wer handelt unwürdiger, sagen Sie selbst, derjenige, der Geld kauft, weil er es nötig hat, oder der, der Geld stiehlt, das er nicht brauchen kann?

HARPAGON. Geh, sage ich dir und mache mir den Kopf nicht warm. Im Grunde ist mir die Geschichte gar nicht leid; sie soll mir eine Warnung sein, mehr als je auf alle seine Schritte achtzugeben.

DRITTE SZENE

FROSINE, HARPAGON.

FROSINE. Gnädiger Herr ...

HARPAGON. Warten Sie einen Augenblick. Ich komme gleich hierher zurück. Ich muss nur schnell einmal nach meinem Gold sehen.

VIERTE SZENE

LA FLECHE, FROSINE.

LA FLECHE. Das war ja ein lustiges Abenteuer! Er muss wohl irgendwo ein großes Trödellager haben, denn auf unserer Liste kam nichts vor, das wir wiedererkannt hätten.

FROSINE. Ei, bist du's, mein kleiner La Fleche? Wie kommst du hierher?

LA FLECHE. Ach Frosinchen, du hier? Was hast du hier zu suchen?

FROSINE. Was ich überall suche und finde; Gelegenheit, den Leuten Dienste zu erweisen und, soviel ich kann, von meinen geringen Talenten Nutzen zu ziehen. Du weißt, unsereins muss in dieser Welt von

petits talents que je puis avoir. Tu sais que dans ce monde il faut vivre d'adresse, et qu'aux personnes comme moi le Ciel n'a donné d'autres rentes, que l'intrigue, et que l'industrie.

LA FLÈCHE. As-tu quelque négoce avec le patron du logis?

FROSINE. Oui, je traite pour lui quelque petite affaire, dont j'espère une récompense.

LA FLÈCHE. De lui? Ah, ma foi, tu seras bien fine, si tu en tires quelque chose; et je te donne avis que l'argent céans est fort cher.

FROSINE. Il y a de certains services qui touchent merveilleusement.

LA FLÈCHE. Je suis votre valet; et tu ne connais pas encore le seigneur Harpagon. Le seigneur Harpagon est de tous les humains, l'humain le moins humain; le mortel de tous les mortels, le plus dur, et le plus serré. Il n'est point de service qui pousse sa reconnaissance jusqu'à lui faire ouvrir les mains. De la louange, de l'estime, de la bienveillance en paroles, et de l'amitié tant qu'il vous plaira; mais de l'argent, point d'affaires. Il n'est rien de plus sec et de plus aride, que ses bonnes grâces, et ses caresses; et *donner* est un mot pour qui il a tant d'aversion, qu'il ne dit jamais *je vous donne*, mais *je vous prête le bon jour*.

FROSINE. Mon Dieu, je sais l'art de traire les hommes. J'ai le secret de m'ouvrir leur tendresse, de chatouiller leurs cœurs, de trouver les endroits par où ils sont sensibles.

LA FLÈCHE. Bagatelles ici. Je te défie d'attendrir, du côté de l'argent, l'homme dont il est question. Il est Turc là-dessus, mais d'une turquerie à désespérer tout le monde; et l'on pourrait crever, qu'il n'en branlerait pas. En un mot, il aime l'argent, plus que réputation, qu'honneur, et que vertu; et la vue d'un demandeur lui donne des convulsions. C'est le frapper par son endroit mortel, c'est lui percer le cœur, c'est lui arracher les entrailles; et si... Mais il revient; je me retire.

seinem Verstand leben und hat keine anderes Vermögen geerbt, als ein wenig List und Geschicklichkeit.

LA FLECHE. Hast du mit unserem Hausherrn etwas laufen?

FROSINE. Ja. Ich besorge ein kleines Geschäft für ihn und erhoffe auf eine gute Belohnung.

LA FLECHE. Auf eine Belohnung? Von ihm? Nun, bei meiner Seele, wenn du dem etwas ablockst, musst du früh aufstehen, und ich kann dir versichern, dass Geld ist hier im Hause sehr rar.

FROSINE. Es gibt gewisse Dienste, die den Leuten ganz besonders angenehm sind.

LA FLECHE. Mit Verlaub! Du kennst unseren Herrn Harpagon noch nicht. Herr Harpagon ist unter allen Menschen der am wenigsten menschliche Mensch, unter allen Sterblichen der härteste und zäheste. Es gibt gar keinen Dienst, der seine Dankbarkeit so weit brächte, die Hand dafür aufzutun. Lob, Anerkennung, Wohlwollen in Worten, Freundschaftsversicherungen soviel du willst, aber Geld? Keine Rede! Ich wüsste nichts so Trockenes und Dürres als seine Liebkosungen und Gunstbezeigungen und vor dem Wort Geben hat er solche Abscheu, dass er nie sagt: Ich gebe euch mein Wort, sondern ich verpfände euch mein Wort.

FROSINE. Lass gut sein; ich verstehe mich auf die Kunst, die Leute zu rupfen; ich weiß, wie man's anfängt, sich ihre Zuneigung zu erwerben, ihr Herz zu kitzeln und ihre schwachen Seiten zu finden.

LA FLECHE. Ja, schön! Versuch's einmal, unseren Mann in Geldsachen gefügig zu machen. Da ist er ein Türke; aber von solcher Türkenhaftigkeit, dass er die ganze Welt zur Verzweiflung bringen könnte; er sähe einen sterben und es würde ihn nicht rühren. Mit einem Wort, er liebt das Geld mehr als guten Namen, Ehre und Tugend; wenn ihn jemand anspricht und ihn um etwas bittet, bekommt er Krämpfe; das ist der Punkt, wo er sterblich ist, das durchbohrt ihm die Brust, das zerreißt ihm das Herz; und wenn ... Aber da kommt er wieder; ich mache mich aus dem Staub.

SCÈNE V

HARPAGON, FROSINE.

HARPAGON. Tout va comme il faut. Hé bien, qu'est-ce, Frosine?

FROSINE. Ah, mon Dieu! que vous vous portez bien! et que vous avez là un vrai visage de santé!

HARPAGON. Qui moi?

FROSINE. Jamais je ne vous vis un teint si frais, et si gaillard.

HARPAGON. Tout de bon?

FROSINE. Comment? vous n'avez de votre vie été si jeune que vous êtes; et je vois des gens de vingt-cinq ans qui sont plus vieux que vous.

HARPAGON. Cependant, Frosine, j'en ai soixante bien comptés.

FROSINE. Hé bien, qu'est-ce que cela, soixante ans? Voilà bien de quoi! C'est la fleur de l'âge cela; et vous entrez maintenant dans la belle saison de l'homme.

HARPAGON. Il est vrai; mais vingt années de moins pourtant ne me feraient point de mal, que je crois.

FROSINE. Vous moquez-vous? Vous n'avez pas besoin de cela; et vous êtes d'une pâte à vivre jusques à cent ans.

HARPAGON. Tu le crois?

FROSINE. Assurément. Vous en avez toutes les marques. Tenez-vous un peu. Ô que voilà bien là entre vos deux yeux un signe de longue vie!

HARPAGON. Tu te connais à cela?

FROSINE. Sans doute. Montrez-moi votre main. Ah mon Dieu! quelle ligne de vie!

HARPAGON. Comment?

FROSINE. Ne voyez-vous pas jusqu'où va cette ligne-là?

HARPAGON. Hé bien, qu'est-ce que cela veut dire?

FROSINE. Par ma foi, je disais cent ans, mais vous passerez les six-vingts.

HARPAGON. Est-il possible?

FROSINE. Il faudra vous assommer, vous dis-je; et vous mettrez en terre, et vos enfants, et les enfants de vos enfants.

HARPAGON. Tant mieux. Comment va notre affaire?

FROSINE. Faut-il le demander? et me voit-on mêler de rien, dont je ne vienne à bout? J'ai, surtout, pour les mariages, un talent merveilleux. Il n'est point de partis au monde, que je ne trouve en peu de temps le moyen d'accoupler; et je crois, si je me l'étais mis en tête, que je marierais le Grand Turc avec la République de Venise. Il n'y avait pas sans doute de si grandes difficultés à cette affaire-ci. Comme j'ai commerce

FÜNFTE SZENE

HARPAGON, FROSINE.

HARPAGON. Alles in Ordnung. Nun, Frosine, wie steht's?

FROSINE. Ei du mein Gott, wie gut sehen Sie heute aus! Wahrhaftig, wie die Gesundheit selbst!

HARPAGON. Wer? Ich?

FROSINE. Ich habe Sie noch nie so blühend und frisch von Farbe gesehen.

HARPAGON. Im Ernst?

FROSINE. Weiß Gott, Sie sind in Ihrem Leben nie so jung gewesen; und ich kenne Leute von fünfundzwanzig Jahren, die älter sind als Sie.

HARPAGON. Ich habe aber doch bei alledem meine vollgezählten sechzig.

FROSINE. Nun, was sind denn sechzig Jahre? Das ist etwas Gutes! Das ist ja die wahre Blüte des Alters und Sie treten jetzt erst in die schönste Zeit des Lebens.

HARPAGON. Das mag sein; aber zwanzig Jahre weniger könnten denn doch nicht schaden, sollte ich meinen.

FROSINE. Sie scherzen wohl? Das haben Sie gar nicht nötig. Sie sind ganz darauf angelegt, hundert Jahre alt zu werden.

HARPAGON. Glaubst du?

FROSINE. Unbedingt; das geht aus allem hervor. Steht einmal ein wenig still: Ach, was sehe ich da zwischen Ihren Augen für ein gutes Zeichen eines langen Lebens!

HARPAGON. Verstehst du dich darauf?

FROSINE. Ja, gewiss. Zeigen Sie mir einmal Ihre Hand. Oh, du meine Güte! Welche schöne Lebenslinie!

HARPAGON. Wieso?

FROSINE. Sehen Sie nicht, wie weit sie geht?

HARPAGON. Nun, und was hat denn das zu bedeuten?

FROSINE. Auf Ehre, ich sagte doch, hundert Jahre; aber Sie bringen es auf hundertundzwanzig.

HARPAGON. Wäre das möglich?

FROSINE. Ich sage Ihnen, man wird Sie totschlagen müssen; und Sie werden Ihre Kinder und Kindeskinder begraben.

HARPAGON. Umso besser. Aber wie steht's mit unserer Sache?

FROSINE. Braucht's da noch einer Frage? Und mische ich mich je in so etwas, ohne es durchzusetzen? Ich habe für die Hochzeiten eine ganz besonders glückliche Hand. Es gibt keine Partie in der Welt, die ich mir nicht getraute, in kurzer Zeit zustande zu bringen; und ich glaube, wenn ich mir's in den Kopf gesetzt hätte, ich verheiratete den Großtürken mit der Republik Venedig. Da ist unsere Sache doch

chez elles, je les ai à fond l'une et l'autre entretenues de vous, et j'ai dit à la mère le dessein que vous aviez conçu pour Mariane, à la voir passer dans la rue, et prendre l'air à sa fenêtre.

HARPAGON. Qui a fait réponse...
FROSINE. Elle a reçu la proposition avec joie; et quand je lui ai témoigné que vous souhaitiez fort que sa fille assistât ce soir au contrat de mariage qui se doit faire de la vôtre, elle y a consenti sans peine, et me l'a confiée pour cela.
HARPAGON. C'est que je suis obligé, Frosine, de donner à souper au seigneur Anselme; et je serai bien aise qu'elle soit du régale.

FROSINE. Vous avez raison. Elle doit après dîner rendre visite à votre fille, d'où elle fait son compte d'aller faire un tour à la foire, pour venir ensuite au souper.
HARPAGON. Hé bien, elles iront ensemble dans mon carrosse, que je leur prêterai.
FROSINE. Voilà justement son affaire.
HARPAGON. Mais, Frosine, as-tu entretenu la mère touchant le bien qu'elle peut donner à sa fille? Lui as-tu dit qu'il fallait qu'elle s'aidât un peu, qu'elle fît quelque effort, qu'elle se saignât pour une occasion comme celle-ci? Car encore n'épouse-t-on point une fille, sans qu'elle apporte quelque chose.

FROSINE. Comment? c'est une fille qui vous apportera douze mille livres de rente.
HARPAGON. Douze mille livres de rente!
FROSINE. Oui. Premièrement, elle est nourrie et élevée dans une grande épargne de bouche. C'est une fille accoutumée à vivre de salade, de lait, de fromage, et de pommes, et à laquelle par conséquent il ne faudra ni table bien servie, ni consommés exquis, ni orges mondés perpétuels, ni les autres délicatesses qu'il faudrait pour une autre femme; et cela ne va pas à si peu de chose, qu'il ne monte bien, tous les ans, à trois mille francs pour le moins. Outre cela, elle n'est curieuse que d'une propreté fort simple, et n'aime point les superbes habits, ni les riches bijoux, ni les meubles somptueux, où donnent ses pareilles avec tant de chaleur; et cet article-là vaut plus de quatre mille livres par an. De plus, elle a une aversion horrible pour le jeu, ce qui n'est pas commun aux femmes d'aujourd'hui; et j'en sais une de nos quartiers, qui a perdu à trente-et-quarante, vingt mille francs cette année. Mais n'en prenons rien que le quart. Cinq mille francs au jeu par an, et quatre mille francs en habits et bijoux, cela fait neuf mille livres; et

noch leichter. Da ich bei ihnen ein- und ausgehe, habe ich mit beiden ausführlich von Ihnen gesprochen und der Mutter von Ihren Absichten auf Mariane erzählt, seit Sie sie auf der Straße und am Fenster erblickt haben.

HARPAGON. Und was hat sie erwidert?

FROSINE. Sie war sehr erfreut über Ihren Antrag; und als ich ihr mitteilte, Sie wünschten, dass das Fräulein heute Abend zugegen sein möchte, wenn der Ehevertrag Ihrer Tochter unterschrieben wird, hat sie gleich eingewilligt und will sie mir anvertrauen.

HARPAGON. Siehst du, Frosine, ich muss ohnehin Herrn Anselme für heute Abend einladen und da wäre mir's ganz lieb, wenn sie sich dazu einfände.

FROSINE. Sie haben ganz recht. Sie soll heute nach Tisch Ihrer Tochter einen Besuch abstatten; von da wollte sie ein wenig auf den Jahrmarkt gehen und dann zum Abendessen wieder hier sein.

HARPAGON. Nun gut; da können sie beide in meiner Kutsche fahren; ich will sie ihnen dazu leihen.

FROSINE. Das wird ihr nur recht sein.

HARPAGON. Aber Frosine, hast du auch mit der Mutter über die Mitgift gesprochen, die sie ihrer Tochter geben kann? Hast du ihr begreiflich gemacht, sie müsse sich ein wenig zusammenreißen, müsse sich etwas anstrengen, müsse bei einer Gelegenheit wie dieser sich einmal schröpfen? Denn man heiratet doch am Ende auch kein Mädchen, das nichts mitbringt.

FROSINE. Aber was wollen Sie? Zwölftausend Livres jährlicher Rente bringt sie Ihnen mit.

HARPAGON. Zwölftausend Livres jährlicher Rente?

FROSINE. Jawohl. Fürs Erste ist sie, was den Tisch betrifft, an die größte Einfachheit gewöhnt: Sie lebt von Salat, von Milch, von Käse und Äpfeln und bedarf deshalb weder einer reich besetzten Tafel, noch besonders kräftiger Suppen, verlangt auch weder ewig Gräupchenschleim, noch alle sonstigen Delikatessen, die eine andere Frau fordern würde: und das alles beläuft sich nicht auf so wenig, dass es nicht am Ende des Jahres seine dreitausend Livres betragen sollte. Außerdem sieht sie nur auf Reinlichkeit und Einfachheit und fragt nicht nach prächtigen Kleidern, kostbaren Juwelen oder schönen Möbeln, auf die andere Weiber so erpicht sind; das ist wieder ein Artikel, den wir auf viertausend Livres im Jahre anschlagen können. Schließlich hat sie einen unüberwindlichen Abscheu vor dem Spiel, der wahrhaftig unter den Frauen heutzutage selten ist; ich kenne eine in diesem Viertel, die im Trente et Quarante zwanzigtausend Franc im Jahr verloren hat. Wir wollen aber nur ein Viertel davon rechnen. Fünftausend Franc im Jahr Spielverlust, viertausend für Kleider und Juwelen, das macht

mille écus que nous mettons pour la nourriture, ne voilà-t-il pas par année vos douze mille francs bien comptés?

HARPAGON. Oui, cela n'est pas mal; mais ce compte-là n'est rien de réel.

FROSINE. Pardonnez-moi. N'est-ce pas quelque chose de réel, que de vous apporter en mariage une grande sobriété; l'héritage d'un grand amour de simplicité de parure, et l'acquisition d'un grand fonds de haine pour le jeu?

HARPAGON. C'est une raillerie, que de vouloir me constituer son dot de toutes les dépenses qu'elle ne fera point. Je n'irai pas donner quittance de ce que je ne reçois pas; et il faut bien que je touche quelque chose.

FROSINE. Mon Dieu, vous toucherez assez; et elles m'ont parlé d'un certain pays, où elles ont du bien, dont vous serez le maître.

HARPAGON. Il faudra voir cela. Mais, Frosine, il y a encore une chose qui m'inquiète. La fille est jeune, comme tu vois; et les jeunes gens d'ordinaire n'aiment que leurs semblables, ne cherchent que leur compagnie. J'ai peur qu'un homme de mon âge ne soit pas de son goût; et que cela ne vienne à produire chez moi certains petits désordres qui ne m'accommoderaient pas.

FROSINE. Ah que vous la connaissez mal! C'est encore une particularité que j'avais à vous dire. Elle a une aversion épouvantable pour tous les jeunes gens, et n'a de l'amour que pour les vieillards.

HARPAGON. Elle?

FROSINE. Oui, elle. Je voudrais que vous l'eussiez entendue parler là-dessus. Elle ne peut souffrir du tout la vue d'un jeune homme; mais elle n'est point plus ravie, dit-elle, que lorsqu'elle peut voir un beau vieillard avec une barbe majestueuse. Les plus vieux sont pour elle les plus charmants, et je vous avertis de n'aller pas vous faire plus jeune que vous êtes. Elle veut tout au moins qu'on soit sexagénaire; et il n'y a pas quatre mois encore, qu'étant prête d'être mariée, elle rompit tout net le mariage, sur ce que son amant fit voir qu'il n'avait que cinquante-six ans, et qu'il ne prit point de lunettes pour signer le contrat.

HARPAGON. Sur cela seulement?

FROSINE. Oui. Elle dit que ce n'est pas contentement pour elle que cinquante-six ans; et surtout, elle est pour les nez qui portent des lunettes.

HARPAGON. Certes, tu me dis là une chose toute nouvelle.

FROSINE. Cela va plus loin qu'on ne vous peut dire. On lui voit dans sa chambre quelques tableaux, et quelques estampes; mais que pensez-vous que ce soit? Des Adonis? des Céphales? des Pâris? et des Apol-

neuntausend Livres; und tausend Taler, auf die ich die Verzehrung anschlage, haben wir da nicht Ihre jährlichen zwölftausend Franc richtig gerechnet?

HARPAGON. Das ist soweit nicht übel; aber ich sehe nichts Positives dabei.

FROSINE. Verzeihen Sie mir! Ist denn das nicht etwas sehr Positives, wenn Ihnen ein Mädchen als Mitgift eine große Mäßigkeit, als Erbschaft eine große Vorliebe für Einfachheit und als Zugabe einen tödlichen Widerwillen gegen das Spiel mitbringt?

HARPAGON. Es ist aber doch nur ein Scherz, ihre Mitgift aus all den Ausgaben konstituieren zu wollen, die sie nicht macht. Ich werde doch keine Quittung ausstellen über etwas, das ich nicht empfangen habe, und muss durchaus auf etwas Bares bestehen.

FROSINE. Mein Gott ja, das wird sich auch finden; sie haben mir von einem Land erzählt, ich weiß nicht welchem, wo sie Güter besitzen, und die werden Ihnen zufallen.

HARPAGON. Das muss ich erst untersuchen. Aber, Frosine, dann ist noch ein Umstand, der mich beunruhigt. Das Mädchen, siehst du, ist jung, die Jugend aber liebt in der Regel nur ihresgleichen und will keinen anderen Umgang. Nun fürchte ich, ein Mann in meinen Jahren wird ihr nicht gefallen, und das könnte zu gewissen kleinen Unzuträglichkeiten führen, die mir nicht anstehen würden.

FROSINE. Ach, wie schlecht Sie sie kennen! Das ist noch eine Eigenschaft an ihr, die ich Ihnen nicht genannt habe. Sie hat einen erschrecklichen Abscheu vor allen jungen Leuten und liebt nur die Alten.

HARPAGON. Sie?

FROSINE. Ja, sie. Ich wünschte, Sie hätten sie darüber reden hören. Sie kann den Anblick eines jungen Mannes nicht ausstehen; aber nichts gefällt ihr besser, sagt sie, als ein schöner Greis mit einem majestätischen Bart. Je älter einer ist, je lieber hat sie ihn; und ich rate Ihnen, geben Sie sich ja nicht für jünger aus, als Sie sind. Sie verlangt im Mindesten einen Sechziger; und es ist noch kein Vierteljahr her, als sie drauf und dran war, sich zu verheiraten, und alles kurz abbrach, weil ihr Verlobter bemerkte, er sei erst sechsundfünfzig Jahre, und weil er den Vertrag ohne Brille unterschreiben wollte.

HARPAGON. Ei! bloß deswegen?

FROSINE. Ja. Sechsundfünfzig Jahre, sagt sie, wären ihr zu wenig; und ganz besonders sind ihr die Nasen zuwider, die keine Brille tragen.

HARPAGON. Nun in der Tat, da erzählst du mir etwas ganz Neues.

FROSINE. Das geht noch viel weiter, als man es glauben sollte. Sie hat in ihrem Zimmer einige Gemälde und einige Kupferstiche hängen; aber was denken Sie wohl, dass sie sich ausgesucht hat? Etwa einen Adonis, einen Cephalus, einen Paris, einen Apoll? Gott bewahre!

lons? Non. De beaux portraits de Saturne, du roi Priam, du vieux Nestor, et du bon père Anchise sur les épaules de son fils.

HARPAGON. Cela est admirable! Voilà ce que je n'aurais jamais pensé; et je suis bien aise d'apprendre qu'elle est de cette humeur. En effet, si j'avais été femme, je n'aurais point aimé les jeunes hommes.

FROSINE. Je le crois bien. Voilà de belles drogues que des jeunes gens pour les aimer! Ce sont de beaux morveux, de beaux godelureaux, pour donner envie de leur peau; et je voudrais bien savoir quel ragoût il y a à eux?

HARPAGON. Pour moi, je n'y en comprends point; et je ne sais pas comment il y a des femmes qui les aiment tant.

FROSINE. Il faut être folle fieffée. Trouver la jeunesse aimable! Est-ce avoir le sens commun? Sont-ce des hommes que de jeunes blondins? et peut-on s'attacher à ces animaux-là?

HARPAGON. C'est ce que je dis tous les jours, avec leur ton de poule laitée, et leurs trois petits brins de barbe relevés en barbe de chat, leurs perruques d'étoupes, leurs haut-de-chausses tout tombants, et leurs estomacs débraillés.

FROSINE. Eh! cela est bien bâti auprès d'une personne comme vous. Voilà un homme cela. Il y a là de quoi satisfaire à la vue; et c'est ainsi qu'il faut être fait, et vêtu, pour donner de l'amour.

HARPAGON. Tu me trouves bien?

FROSINE. Comment? vous êtes à ravir, et votre figure est à peindre. Tournez-vous un peu, s'il vous plaît. Il ne se peut pas mieux. Que je vous voie marcher. Voilà un corps taillé, libre, et dégagé comme il faut, et qui ne marque aucune incommodité.

HARPAGON. Je n'en ai pas de grandes, Dieu merci. Il n'y a que ma fluxion, qui me prend de temps en temps.

FROSINE. Cela n'est rien. Votre fluxion ne vous sied point mal, et vous avez grâce à tousser.

HARPAGON. Dis-moi un peu. Mariane ne m'a-t-elle point encore vu? N'a-t-elle point pris garde à moi en passant?

FROSINE. Non. Mais nous nous sommes fort entretenues de vous. Je lui ai fait un portrait de votre personne; et je n'ai pas manqué de lui vanter votre mérite, et l'avantage que ce lui serait, d'avoir un mari comme vous.

HARPAGON. Tu as bien fait; et je t'en remercie.

Nein, lauter schöne Abbildungen vom Saturn, vom König Priamus, vom alten Nestor und vom ehrwürdigen Vater Anchises, wie Äneas ihn auf den Schultern trägt.

HARPAGON. Das ist ja unvergleichlich; das hätte ich kaum für möglich gehalten und bin ganz erfreut, dass sie einen so guten Geschmack hat. Aber in der Tat, wenn ich eine Frau wäre, ich könnte die jungen Männer auch nicht leiden.

FROSINE. Das geht mir ebenso. Schöne Apothekerware, wahrhaftig, solch junges Volk, für unseren Gaumen! Solche glatten Milchgesichter, solche eben aufgeschossenen Gelbschnäbel sollten mir auch den Mund wässrig machen? Ich möchte doch wissen, wie man darauf Appetit haben kann?

HARPAGON. Ich muss sagen, ich kann's auch nicht begreifen und ich verstehe nicht, wie es Frauen gibt, die sie gern haben.

FROSINE. Erzverrückt müssen sie sein. Wie kann man nur die Jugend liebenswürdig finden? Heißt das, seinen gesunden Menschenverstand haben? Sind denn diese jungen blondköpfigen Burschen richtige Männer und kann man sich in solche Geschöpfchen vergaffen?

HARPAGON. Das sage ich ja alle Tage! Mir ihrem doppelten Stimmregister, ihren drei Härchen auf der Oberlippe, die sie wie einen Katzenbart in die Höhe drehen, ihren Flachsperücken, ihren ellenweiten Pluderhosen und ihren aufgeknöpften Westen ...

FROSINE. Wie sich das alles verhält, wenn man solch eine Figur wie die Ihrige damit vergleicht! Das nenn ich mir ein Mannsbild; daran haben die Augen doch etwas zu sehen; ja, so muss man gebaut sein und sich anziehen, um einem Mädchen zu gefallen.

HARPAGON. Du findest mich also annehmbar?

FROSINE. Was sagen Sie? Herzgewinnend; Ihr Gesicht ist zum Malen. Drehen Sie sich doch einmal um, seien Sie so gut! Vortrefflich. Jetzt lassen Sie mich Sie gehen sehen. Das nenne ich mir einen Wuchs, einen freien, ungezwungenen feinen Anstand und eine Haltung, die am besten beweist, dass Sie von keiner körperlichen Beschwerde etwas wissen.

HARPAGON. Davon bin ich auch, Gott sei Dank, so ziemlich frei. Da ist nur mein Brustkatarrh, der mich mitunter heimsucht.

FROSINE. Ach, das ist nichts. Ihr Brustkararrh steht Ihnen gar nicht übel; im Gegenteil! Sie haben einen angenehmen Husten.

HARPAGON. Sage mir doch: Hat mich Mariane noch nie gesehen? Hat sie nicht vielleicht im Vorbeigehen auf mich geachtet?

FROSINE. Nein; aber wir haben schon viel von Ihnen gesprochen. Ich habe ihr eine Schilderung von Ihrer Person entworfen und nicht verfehlt, Ihr Verdienst herauszustreichen und ihr auseinanderzusetzen, welches Glück es für sie sein würde, einen Mann wie Sie zu bekommen.

HARPAGON. Das hast du gut gemacht und ich danke dir.

FROSINE. J'aurais, Monsieur, une petite prière à vous faire. *(Il prend un air sévère.)* J'ai un procès que je suis sur le point de perdre, faute d'un peu d'argent; et vous pourriez facilement me procurer le gain de ce procès, si vous aviez quelque bonté pour moi. *(Il reprend un air gai.)* Vous ne sauriez croire le plaisir qu'elle aura de vous voir. Ah! que vous lui plairez! et que votre fraise à l'antique fera sur son esprit un effet admirable! Mais, surtout, elle sera charmée de votre haut-de-chausses, attaché au pourpoint avec des aiguillettes. C'est pour la rendre folle de vous; et un amant aiguilleté sera pour elle un ragoût merveilleux.

HARPAGON. Certes, tu me ravis, de me dire cela.

FROSINE *(il reprend son visage sévère)*. En vérité, Monsieur, ce procès m'est d'une conséquence tout à fait grande. Je suis ruinée, si je le perds; et quelque petite assistance me rétablirait mes affaires. *(Il reprend un air gai.)* Je voudrais que vous eussiez vu le ravissement où elle était, à m'entendre parler de vous. La joie éclatait dans ses yeux, au récit de vos qualités; et je l'ai mise enfin dans une impatience extrême, de voir ce mariage entièrement conclu.

HARPAGON. Tu m'as fait grand plaisir, Frosine; et je t'en ai, je te l'avoue, toutes les obligations du monde.

FROSINE *(il reprend son sérieux)*. Je vous prie, Monsieur, de me donner le petit secours que je vous demande. Cela me remettra sur pied; et je vous en serai éternellement obligée.

HARPAGON. Adieu. Je vais achever mes dépêches.

FROSINE. Je vous assure, Monsieur, que vous ne sauriez jamais me soulager dans un plus grand besoin.

HARPAGON. Je mettrai ordre que mon carrosse soit tout prêt, pour vous mener à la foire.

FROSINE. Je ne vous importunerais pas, si je ne m'y voyais forcée par la nécessité.

HARPAGON. Et j'aurai soin qu'on soupe de bonne heure, pour ne vous point faire malades.

FROSINE. Ne me refusez pas la grâce dont je vous sollicite. Vous ne sauriez croire, Monsieur, le plaisir que...

HARPAGON. Je m'en vais. Voilà qu'on m'appelle. Jusqu'à tantôt.

FROSINE. Que la fièvre te serre, chien de vilain à tous les diables. Le ladre a été ferme à toutes mes attaques: mais il ne me faut pas pour-

FROSINE. Ich hätte Ihnen eine kleine Bitte vorzutragen, mein gnädigster Herr. *(Sein Gesicht wird ernsthaft.)* Ich habe einen Prozess, den ich auf dem Punkt stehe zu verlieren, weil mir eine geringe Summe fehlt; und Sie könnten mir mit Leichtigkeit dazu verhelfen, ihn zu gewinnen, wenn Sie so gütig wären, mir ein wenig beizustehen. *(Sein Gesicht erheitert sich.)* Sie können sich gar nicht vorstellen, wie erfreut sie sein wird, Sie zu sehen. Ach, wie gut werden Sie dem lieben Mädchen gefallen; und welchen Eindruck wird Ihre ehrwürdige Krause aus der alten guten Zeit auf sie machen! Aber vor allem wird es ein richtiges Fest für sie sein zu sehen, dass Sie Ihr Beinkleid noch mit Schnüren an der Weste festmachen. Das wird ihr ganz den Kopf verdrehen; ich sage Ihnen, ein Liebhaber mit Schnüren wird ihr ein Festessen sein.

HARPAGON. Nun wahrhaftig, es ist mir sehr lieb, das zu hören.

FROSINE *(wird wieder ernsthaft)*. In der Tat, gnädiger Herr, der Prozess ist für mich von der größten Wichtigkeit. Ich bin ruiniert, wenn ich ihn verliere, und eine noch so kleine Unterstützung könnte alles wieder ins Gleis bringen ... *(Er wird wieder vergnügt.)* Ich wollte nur, Sie hätten ihre entzückten Mienen gesehen, als ich ihr von Ihnen erzählte. Die Freude glänzte in ihren Augen, als ich von Ihren schönen Eigenschaften sprach; und ich habe sie schließlich soweit gebracht, dass sie mit wahrer Sehnsucht den Augenblick erwartet, wo Sie um sie anhalten werden.

HARPAGON. Du hast mir große Freude gemacht, Frosine, und ich bin dir zu unendlichem Dank verpflichtet.

FROSINE *(sein Gesicht verfinstert sich wieder)*. Lassen Sie mich also nochmals bitten, mir die kleine Hilfe zu gewähren, um die ich Sie angesprochen habe. Das wird mir wieder aufhelfen und ich würde Ihnen ewig dankbar dafür sein.

HARPAGON. Auf Wiedersehen. Ich muss meine Briefe fertigmachen.

FROSINE. Sie können mir's glauben, ich bin nie in so dringender Verlegenheit gewesen ...

HARPAGON. Ich werde die Order geben, dass angespannt werden soll, um Sie auf den Jahrmarkt zu fahren ...

FROSINE. Gewiss würde ich Ihnen nicht zur Last fallen, wenn ich mich nicht durch die äußerste Not dazu gezwungen sähe ...

HARPAGON. Und das Abendbrot sehr früh auftragen lassen, damit es niemandem schlecht bekommt.

FROSINE. Schlagen Sie mir meine inständige Bitte nicht ab. Sie glauben nicht, gnädiger Herr, welche Freude ...

HARPAGON. Ich muss gehen; man ruft mich. Also auf Wiedersehen!

FROSINE. Dass dich das Fieber schüttle, du Hund von einem Geizhals, und der Teufel dich hole! Der alte Geizhals blieb fest bei allen meinen Angriffen; aber ich gebe den Handel deshalb nicht auf. Im

tant quitter la négociation; et j'ai l'autre côté, en tout cas, d'où je suis assurée de tirer bonne récompense.

Acte 3

SCÈNE PREMIÈRE

HARPAGON, CLÉANTE, ÉLISE, VALÈRE, DAME CLAUDE, MAÎTRE JACQUES, BRINDAVOINE, LA MERLUCHE.

HARPAGON. Allons. Venez çà tous, que je vous distribue mes ordres pour tantôt, et règle à chacun son emploi. Approchez, Dame Claude. Commençons par vous. *(Elle tient un balai.)* Bon, vous voilà les armes à la main. Je vous commets au soin de nettoyer partout; et surtout, prenez garde de ne point frotter les meubles trop fort, de peur de les user. Outre cela, je vous constitue, pendant le souper, au gouvernement des bouteilles; et s'il s'en écarte quelqu'une, et qu'il se casse quelque chose, je m'en prendrai à vous, et le rabattrai sur vos gages.

MAÎTRE JACQUES. Châtiment politique.

HARPAGON. Allez. Vous, Brindavoine, et vous, La Merluche, je vous établis dans la charge de rincer les verres, et de donner à boire; mais seulement lorsque l'on aura soif, et non pas selon la coutume de certains impertinents de laquais qui viennent provoquer les gens, et les faire aviser de boire, lorsqu'on n'y songe pas. Attendez qu'on vous en demande plus d'une fois, et vous ressouvenez de porter toujours beaucoup d'eau.

MAÎTRE JACQUES. Oui; le vin pur monte à la tête.

LA MERLUCHE. Quitterons-nous nos siquenilles, Monsieur?

HARPAGON. Oui, quand vous verrez venir les personnes; et gardez bien de gâter vos habits.

BRINDAVOINE. Vous savez bien, Monsieur, qu'un des devants de mon pourpoint est couvert d'une grande tache de l'huile de la lampe.

LA MERLUCHE. Et moi, Monsieur, que j'ai mon haut-de-chausses tout troué par derrière, et qu'on me voit, révérence parler...

HARPAGON. Paix. Rangez cela adroitement du côté de la muraille, et présentez toujours le devant au monde. *(Harpagon met son chapeau au-devant de son pourpoint, pour montrer à Brindavoine comment il doit faire pour cacher la tache d'huile.)* Et vous, tenez toujours votre chapeau ainsi, lorsque vous servirez. Pour vous, ma fille, vous aurez l'œil sur ce que l'on desservira, et prendrez garde qu'il ne s'en fasse aucun dégât. Cela sied bien aux filles. Mais cependant préparez-vous à bien

schlimmsten Fall gehe ich ins andere Lager; da kann ich mit einer gute Belohnung rechnen.

Dritter Aufzug

ERSTE SZENE

HARPAGON, CLÉANTE, ÉLISE, VALÈRE, FRAU CLAUDE, JACQUES, BRINDAVOINE, LA MERLUCHE.

HARPAGON. Seid ihr alle da? Dann kommt her, damit ich euch für nachher meine Befehle ausgebe und jeder weiß, was er zu tun hat. Näher, Frau Claude, denn mit Ihnen will ich anfangen. *(Sie hält einen Besen in der Hand.)* So, da haben Sie schon Ihr Gewehr im Arm. Sie wischen mir alles recht sauber und nehmen sich vor allen Dingen in acht, die Möbeln nicht zu scharf abzureiben, damit Sie sie nicht abnutzen. Außerdem bestimme ich Sie während des Abendessens als Aufseherin über die Flaschen; und wenn mir eine abhanden kommt oder sonst etwas zerbricht, halte ich mich an Sie und ziehe es Ihnen vom Lohn ab.

JACQUES. Sehr schlaue Politik!

HARPAGON. Gehen Sie jetzt. Ihnen, Brindavoine, und Ihnen, La Merluche, euch übertrage ich das Amt auf, die Gläser zu schwenken und bei Tisch einzuschenken: aber nur, wenn einer Durst hat, und nicht, wie so oft die impertinenten Schlingel von Dienern es machen, die die Gäste ordentlich zum Trinken auffordern und sie darauf bringen, wenn sie gar nicht daran dachten. Wartet immer, bis ihr zwei Mal gerufen werdet, und vergesst mir nicht, gehörig Wasser dazu zu gießen.

JACQUES. Natürlich; der pure Wein steigt zu Kopf.

LA MERLUCHE. Ziehen wir die Livree an, gnädiger Herr?

HARPAGON. Ja, aber nicht eher, bis ihr die Leute kommen seht, und dann nehmt euch in acht, dass ihr eure Kleider nicht verderbt.

BRINDAVOINE. Sie wissen doch, gnädiger Herr, dass meine Weste auf der einen Vorderseite einen großen Ölfleck hat?

LA MERLUCHE. Ja, gnädiger Herr, und meine Hose ist hinten ganz durchlöchert, sodass man mit Ehren zu melden ...

HARPAGON. Still! Stellt euch nur, soviel ihr könnt, recht nahe an die Wand und zeigt eure Vorderseite. *(Harpagon hält seinen Hut vor die Weste und zeigt Brindavoine, wie er es anstellen soll, um den Ölfleck zu verbergen.)* Und Sie halten Ihren Hut nur immer so, wenn Sie aufwarten. Sie, meine Tochter, werden ein wachsames Auge auf alles haben, was man abträgt, und aufpassen, dass nichts fortgeschleppt wird; das steht einem Mädchen gut an. Zunächst aber machen Sie sich fertig,

recevoir ma maîtresse qui vous doit venir visiter, et vous mener avec elle à la foire. Entendez-vous ce que je vous dis?

ÉLISE. Oui, mon père.

HARPAGON. Et vous, mon fils le damoiseau, à qui j'ai la bonté de pardonner l'histoire de tantôt, ne vous allez pas aviser non plus de lui faire mauvais visage.

CLÉANTE. Moi, mon père, mauvais visage; et par quelle raison?

HARPAGON. Mon Dieu, nous savons le train des enfants dont les pères se remarient, et de quel œil ils ont coutume de regarder ce qu'on appelle belle-mère. Mais si vous souhaitez que je perde le souvenir de votre dernière fredaine, je vous recommande, surtout, de régaler d'un bon visage cette personne-là, et de lui faire enfin tout le meilleur accueil qu'il vous sera possible.

CLÉANTE. À vous dire le vrai, mon père, je ne puis pas vous promettre d'être bien aise qu'elle devienne ma belle-mère. Je mentirais, si je vous le disais: mais pour ce qui est de la bien recevoir, et de lui faire bon visage, je vous promets de vous obéir ponctuellement sur ce chapitre.

HARPAGON. Prenez-y garde au moins.

CLÉANTE. Vous verrez que vous n'aurez pas sujet de vous en plaindre.

HARPAGON. Vous ferez sagement. Valère, aide-moi à ceci. Ho çà, Maître Jacques, approchez-vous, je vous ai gardé pour le dernier.

MAÎTRE JACQUES. Est-ce à votre cocher, Monsieur, ou bien à votre cuisinier, que vous voulez parler; car je suis l'un et l'autre.

HARPAGON. C'est à tous les deux.

MAÎTRE JACQUES. Mais à qui des deux le premier?

HARPAGON. Au cuisinier.

MAÎTRE JACQUES. Attendez donc, s'il vous plaît.

(Il ôte sa casaque de cocher, et paraît vêtu en cuisinier.)

HARPAGON. Quelle diantre de cérémonie est-ce là?

MAÎTRE JACQUES. Vous n'avez qu'à parler.

HARPAGON. Je me suis engagé, Maître Jacques, à donner ce soir à souper.

MAÎTRE JACQUES. Grande merveille!

HARPAGON. Dis-moi un peu, nous feras-tu bonne chère?

MAÎTRE JACQUES. Oui, si vous me donnez bien de l'argent.

HARPAGON. Que diable toujours de l'argent! Il semble qu'ils n'aient autre chose à dire, de l'argent, de l'argent, de l'argent. Ah! ils n'ont que ce mot à la bouche, de l'argent. Toujours parler d'argent. Voilà leur épée de chevet, de l'argent.

meine Zukünftige zu empfangen, die Ihnen ihren Besuch machen und mit Ihnen auf den Jahrmarkt fahren wird. Haben Sie mich verstanden?

ÉLISE. Ja, Vater.

HARPAGON. Und Sie, mein feiner Herr Sohn, dem ich seine letzte Geschichte aus besonderer Güte verzeihen will, Ihnen rate ich, dass Sie es sich nicht etwa einfallen lassen, sie schief anzusehen.

CLÉANTE. Ich, Vater? Ich sollte sie schief ansehen? Und weshalb?

HARPAGON. Ei, mein Gott, wir wissen ja, welchen Lärm die Kinder machen, deren Väter sich zum zweiten Mal verheiraten, und mit was für Augen sie ihre sogenannte Stiefmutter anzusehen pflegen. Wenn Sie aber wollen, dass ich den Skandal von vorhin vergesse, so empfehle ich Ihnen ganz besonders, dass Sie der jungen Dame artig entgegenkommen und sie so freundlich empfangen, wie Ihnen möglich ist.

CLÉANTE. Aufrichtig gesagt, Vater, ich kann Ihnen nicht versprechen, dass mir's große Freude macht, wenn sie meine Stiefmütter wird: Ich würde lügen, wenn ich Ihnen das sagte. Aber was das freundliche Entgegenkommen und den artigen Empfang betrifft, so gelobe ich Ihnen in diesem Punkt strengen Gehorsam.

HARPAGON. Sehen Sie sich nur vor!

CLÉANTE. Sie sollen nicht über mich zu klagen haben.

HARPAGON. Das wollen wir hoffen. Valère, hilf mir einmal. Jetzt also, Meister Jacques, kommt näher; Sie habe ich bis zuletzt aufgehoben.

JACQUES. Wollen Sie mit Ihrem Kutscher sprechen, gnädiger Herr, oder mit Ihrem Koch? Denn ich bin der eine wie der andere.

HARPAGON. Mit beiden.

JACQUES. Aber mit welchem zuerst?

HARPAGON. Mit dem Koch.

JACQUES. Dann seien Sie so gut und warten Sie ein wenig.

(Er zieht seinen Stallkittel aus und erscheint als Koch gekleidet.)

HARPAGON. Was zum Henker machen Sie für Umstände?

JACQUES. Nun können Sie anfangen.

HARPAGON. Ich habe mich darauf eingelassen, Meister Jacques, heute Abend Gäste einzuladen.

JACQUES. Ein wahres Weltwunder!

HARPAGON. Nun sag einmal, kannst du uns etwas Gutes zu essen bereiten?

JACQUES. Warum nicht? Wenn Sie mir recht viel Geld geben?

HARPAGON. Was zum Teufel! Immer Geld! Es scheint, als hätten Sie nie etwas anderes zu sagen, als Geld, Geld, Geld! Sie haben immer alle das eine Wort auf der Zunge: Geld! Sprechen nie von etwas anderem als von Geld! Damit stehen sie auf und gehen damit zu Bett: immer und ewig nur Geld!

VALÈRE. Je n'ai jamais vu de réponse plus impertinente que celle-là. Voilà une belle merveille, que de faire bonne chère avec bien de l'argent. C'est une chose la plus aisée du monde, et il n'y a si pauvre esprit qui n'en fît bien autant: mais pour agir en habile homme, il faut parler de faire bonne chère avec peu d'argent.
MAÎTRE JACQUES. Bonne chère avec peu d'argent!
VALÈRE. Oui.
MAÎTRE JACQUES. Par ma foi, Monsieur l'intendant, vous nous obligerez de nous faire voir ce secret, et de prendre mon office de cuisinier: aussi bien vous mêlez-vous céans d'être le factoton.

HARPAGON. Taisez-vous. Qu'est-ce qu'il nous faudra?
MAÎTRE JACQUES. Voilà Monsieur votre intendant, qui vous fera bonne chère pour peu d'argent.
HARPAGON. Haye. Je veux que tu me répondes.
MAÎTRE JACQUES. Combien serez-vous de gens à table?
HARPAGON. Nous serons huit ou dix; mais il ne faut prendre que huit. Quand il y a à manger pour huit, il y en a bien pour dix.
VALÈRE. Cela s'entend.
MAÎTRE JACQUES. Hé bien, il faudra quatre grands potages, et cinq assiettes. Potages... Entrées...
HARPAGON. Que diable, voilà pour traiter toute une ville entière.

MAÎTRE JACQUES. Rôt...
HARPAGON *(en lui mettant la main sur la bouche).* Ah traître, tu manges tout mon bien.
MAÎTRE JACQUES. Entremets...
HARPAGON. Encorc?
VALÈRE. Est-ce que vous avez envie de faire crever tout le monde? Et Monsieur a-t-il invité des gens pour les assassiner à force de mangeaille? Allez-vous-en lire un peu les préceptes de la santé, et demander aux médecins s'il y a rien de plus préjudiciable à l'homme, que de manger avec excès.

HARPAGON. Il a raison.
VALÈRE. Apprenez, Maître Jacques, vous, et vos pareils, que c'est un coupe-gorge, qu'une table remplie de trop de viandes; que pour se bien montrer ami de ceux que l'on invite, il faut que la frugalité règne dans les repas qu'on donne; et que suivant le dire d'un ancien, il faut manger pour vivre, et non pas vivre pour manger.

HARPAGON. Ah que cela est bien dit! Approche, que je t'embrasse pour ce mot. Voilà la plus belle sentence que j'aie entendue de ma vie.

VALÈRE. Ich habe nie eine so alberne Antwort gehört, Meister Jacques. Als ob das eine Kunst wäre, eine gute Mahlzeit mit vielem Geld herzurichten: Das ist das Leichteste von der Welt und kein Koch ist so einfältig, dass er das nicht verstünde. Wer sich aber als geschickter Künstler beweisen will, der liefert etwas Gutes für wenig Geld.

JACQUES. Etwas Gutes für wenig Geld!

VALÈRE. Jawohl!

JACQUES. Bei meiner Seele, Herr Haushofmeister, Sie täten mir einen Gefallen, wenn Sie mich das Kunststück lehrten und mein Amt als Koch übernähmen. Sie wollen ja ohnehin das Faktotum hier im Hause vorstellen!

HARPAGON. Halten Sie das Maul. Was werden wir also nehmen?

JACQUES. Sie haben ja da Ihren Herrn Haushofmeister, der Ihnen eine gute Mahlzeit für wenig Geld besorgen will.

HARPAGON. He, ich will eine Antwort auf meine Frage.

JACQUES. Wie viel Personen haben Sie eingeladen?

HARPAGON. Wir werden unser acht oder zehn sein; rechnen wir aber nur acht. Wenn für acht zu essen ist, haben auch zehn genug.

VALÈRE. Das versteht sich.

JACQUES. Nun gut, da brauchen wir also vier große Suppen und fünf Vorspeiseplatten; Suppen ... Vorspeisen ...

HARPAGON. Zum Teufel auch! Damit könnte man ja eine ganze Stadt traktieren.

JACQUES. Als Braten ...

HARPAGON *(hält ihm die Hand auf den Mund).* Halunke, du bringst mich ja um mein ganzes Vermögen!

JACQUES. Zwischengerichte ...

HARPAGON. Noch mehr?

VALÈRE. Wollen Sie es denn darauf anlegen, dass sich alle Gäste zu Tode essen? Hat denn der gnädige Herr seine Freunde eingeladen, um sie durch eine solche Abfütterung umzubringen? Werfen Sie nur einmal einen Blick in die Regeln für die Erhaltung der Gesundheit und fragen Sie jeden Arzt, ob es etwas für den Menschen Schädlicheres gibt, als übermäßig viel zu essen!

HARPAGON. Er hat recht.

VALÈRE. Begreifen Sie doch, Meister Jacques, Sie und Ihresgleichen, dass eine so überfüllte Tafel zu einer wahren Mördergrube wird; dass, wenn man sich als aufrichtigen Freund seiner Gäste beweisen will, bei den Mahlzeiten die größte Mäßigkeit herrschen muss; und dass man nach dem Ausspruch eines alten Weltweisen isst, um zu leben, und nicht lebt, um zu essen.

HARPAGON. Ei, wie schön war das ausgedrückt! Komm her, Valère, für den Spruch muss ich dich umarmen. Das ist die geistreichste Sen-

Il faut vivre pour manger, et non pas manger pour vi... Non, ce n'est pas cela. Comment est-ce que tu dis?

VALÈRE. Qu'il faut manger pour vivre, et non pas vivre pour manger.

HARPAGON. Oui. Entends-tu? Qui est le grand homme qui a dit cela?

VALÈRE. Je ne me souviens pas maintenant de son nom.

HARPAGON. Souviens-toi de m'écrire ces mots. Je les veux faire graver en lettres d'or sur la cheminée de ma salle.

VALÈRE. Je n'y manquerai pas. Et pour votre souper, vous n'avez qu'à me laisser faire. Je réglerai tout cela comme il faut.

HARPAGON. Fais donc.

MAÎTRE JACQUES. Tant mieux, j'en aurai moins de peine.

HARPAGON. Il faudra de ces choses, dont on ne mange guère, et qui rassasient d'abord; quelque bon haricot bien gras, avec quelque pâté en pot bien garni de marrons.

VALÈRE. Reposez-vous sur moi.

HARPAGON. Maintenant, Maître Jacques, il faut nettoyer mon carrosse.

MAÎTRE JACQUES. Attendez. Ceci s'adresse au cocher. *(Il remet sa casaque.)* Vous dites...

HARPAGON. Qu'il faut nettoyer mon carrosse, et tenir mes chevaux tous prêts pour conduire à la foire...

MAÎTRE JACQUES. Vos chevaux, Monsieur? Ma foi, ils ne sont point du tout en état de marcher: je ne vous dirai point qu'ils sont sur la litière, les pauvres bêtes n'en ont point, et ce serait fort mal parler: mais vous leur faites observer des jeûnes si austères, que ce ne sont plus rien que des idées ou des fantômes; des façons de chevaux.

HARPAGON. Les voilà bien malades, ils ne font rien.

MAÎTRE JACQUES. Et pour ne faire rien, Monsieur, est-ce qu'il ne faut rien manger? Il leur vaudrait bien mieux, les pauvres animaux, de travailler beaucoup, de manger de même. Cela me fend le cœur, de les voir ainsi exténués: car enfin j'ai une tendresse pour mes chevaux, qu'il me semble que c'est moi-même, quand je les vois pâtir; je m'ôte tous les jours pour eux les choses de la bouche; et c'est être, Monsieur, d'un naturel trop dur, que de n'avoir nulle pitié de son prochain.

HARPAGON. Le travail ne sera pas grand, d'aller jusqu'à la foire.

tenz, die ich in meinem Leben gehört habe: man muss leben, um zu essen, und nicht essen, um zu le… Nein, so war's nicht. Wie hast du doch gesagt?

VALÈRE. Man müsse essen, um zu leben, und nicht leben, um zu essen.

HARPAGON. Hörst du wohl? Wer ist der große Mann, der das gesagt hat?

VALÈRE. Ich kann mich nicht gleich an seinen Namen erinnern.

HARPAGON. Schreib mir den Satz auf. Vergiss es nicht. Ich will ihn in goldenen Lettern über den Kamin meines Esszimmers gravieren lassen.

VALÈRE. Das soll geschehen. Und was Ihre Abendtafel betrifft, so überlassen Sie mir nur alles; ich werde es Ihnen besorgen, wie sich's gehört.

HARPAGON. Schön!

JACQUES. Umso besser! Dann habe ich weniger Arbeit damit.

HARPAGON. Wir müssen Gerichte nehmen, von denen man wenig isst und die gleich satt machen; so etwa eine gute Schüssel recht fette weiße Bohnen und dazu eine Topfpastete mit recht viel Kastanien darin.

VALÈRE. Verlassen Sie sich auf mich.

HARPAGON. Jetzt muss also gleich die Kutsche reingemacht werden, Meister Jacques.

JACQUES. Still, das geht den Kutscher an. *(Er zieht seinen Stallkittel wieder an.)* Sie sagten …

HARPAGON. Die Kutsche soll ausgestäubt und die Pferde angespannt werden …

JACQUES. Die Pferde, gnädiger Herr? Lieber Gott, die sind gar nicht imstande, sich von der Stelle zu rühren. Ich werde Ihnen nicht sagen, dass sie aus Hunger ihre Streu fressen, denn die armen Tiere haben keine, und ich spräche nicht die Wahrheit; aber Sie lassen sie so streng fasten, dass sie keine Pferde mehr sind; nein, nur noch Gedanken oder Gespenster, richtige Schatten von Pferden.

HARPAGON. Was gibt es denn da viel zu klagen! Sie tun ja nichts!

JACQUES. Und weil sie nichts tun, gnädiger Herr, sollen sie wohl auch nichts fressen? Es wäre viel besser für die armen guten Tiere, wenn sie viel arbeiten müssten und hätten dafür auch viel zu fressen. Es geht mir immer durchs Herz, wenn ich sie so klapperdürr sehe, denn ich habe meine Pferde so lieb, dass mir's immer zumute ist, als müsste ich selbst mit hungern, wenn sie so heruntergekommen dastehen. Ich knappe mir's täglich für sie am Munde ab und muss Ihnen sagen, gnädiger Herr, so gar kein Mitleid mit seinem Nächsten zu haben, das ist allzu grausam.

HARPAGON. Von hier bis auf den Markt werden sie doch wohl fahren können?

MAÎTRE JACQUES. Non, Monsieur, je n'ai pas le courage de les mener, et je ferais conscience de leur donner des coups de fouet en l'état où ils sont. Comment voudriez-vous qu'ils traînassent un carrosse, qu'ils ne peuvent pas se traîner eux-mêmes?

VALÈRE. Monsieur, j'obligerai le voisin le Picard, à se charger de les conduire: aussi bien nous fera-t-il ici besoin pour apprêter le souper.

MAÎTRE JACQUES. Soit. J'aime mieux encore qu'ils meurent sous la main d'un autre, que sous la mienne.

VALÈRE. Maître Jacques fait bien le raisonnable.

MAÎTRE JACQUES. Monsieur l'intendant fait bien le nécessaire.

HARPAGON. Paix.

MAÎTRE JACQUES. Monsieur, je ne saurais souffrir les flatteurs; et je vois que ce qu'il en fait, que ses contrôles perpétuels sur le pain et le vin, le bois, le sel, et la chandelle, ne sont rien que pour vous gratter, et vous faire sa cour. J'enrage de cela, et je suis fâché tous les jours d'entendre ce qu'on dit de vous: car enfin je me sens pour vous de la tendresse en dépit que j'en aie; et après mes chevaux, vous êtes la personne que j'aime le plus.

HARPAGON. Pourrais-je savoir de vous, Maître Jacques, ce que l'on dit de moi?

MAÎTRE JACQUES. Oui, Monsieur, si j'étais assuré que cela ne vous fâchât point.

HARPAGON. Non, en aucune façon.

MAÎTRE JACQUES. Pardonnez-moi; je sais fort bien que je vous mettrais en colère.

HARPAGON. Point du tout; au contraire, c'est me faire plaisir, et je suis bien aise d'apprendre comme on parle de moi.

MAÎTRE JACQUES. Monsieur, puisque vous le voulez, je vous dirai franchement qu'on se moque partout de vous; qu'on nous jette de tous côtés cent brocards à votre sujet; et que l'on n'est point plus ravi, que de vous tenir au cul et aux chausses, et de faire sans cesse des contes de votre lésine. L'un dit que vous faites imprimer des almanachs particuliers, où vous faites doubler les quatre-temps, et les vigiles, afin de profiter des jeûnes, où vous obligez votre monde. L'autre, que vous avez toujours une querelle toute prête à faire à vos valets dans le temps des étrennes, ou de leur sortie d'avec vous, pour vous trouver une raison de ne leur donner rien. Celui-là conte qu'une fois vous fîtes assigner le chat d'un de vos voisins, pour vous avoir mangé un reste d'un gigot de mouton. Celui-ci, que l'on vous surprit une nuit, en venant dérober vous-même l'avoine de vos chevaux; et que votre cocher, qui était celui d'avant moi, vous donna dans l'obscurité

JACQUES. Nein, ich traue mir's nicht zu und würde Gewissensbisse bekommen, sie zu peitschen, so elend, wie sie sind. Wie sollten sie wohl eine Kutsche ziehen? Sie können sich ja selbst kaum schleppen.

VALÈRE. Gnädiger Herr, ich werde Nachbar Picard bitten, dass er fährt; er muss uns ohnehin in der Küche helfen.

JACQUES. Da habe ich nichts dagegen; ich will noch lieber, dass sie einem anderen unter den Händen krepieren als mir.

VALÈRE. Meister Jacques tut ja so ungemein weise.

JACQUES. Und der Herr Haushofmeister tut sehr wichtig.

HARPAGON. Still!

JACQUES. Gnädiger Herr, ich kann die Schmeichler nicht leiden; und ich sehe, dass der einer ist. Alles, was er tut, sein ewiges Aufpassen auf Brot und Wein, auf Salz und Lichter, ist nur, um Sie zu kitzeln und Ihnen den Hof zu machen. Das ärgert mich und ich möchte aus der Haut fahren, wenn ich jeden Tag hören muss, wie die Leute über Sie reden: Denn ich mag wollen oder nicht, so halte ich immer noch etwas auf Sie, und nach meinen Pferden sind Sie mir die liebste Person, die ich habe.

HARPAGON. Nun, Meister Jacques, was sagen denn die Leute von mir?

JACQUES. Ja, Herr, wenn ich wüsste, dass Sie nicht böse werden ...

HARPAGON. Nein, durchaus nicht.

JACQUES. Verzeihen Sie mir, ich weiß allzu gut, dass Sie es übel nähmen.

HARPAGON. Nicht im Geringsten! Im Gegenteil, es geschähe mir ein Gefallen und sollte mir ganz lieb sein, einmal zu hören, wie man von mir spricht.

JACQUES. Gnädiger Herr, wenn Sie es denn nicht anders wollen, will ich Ihnen frei heraussagen, dass man sich überall über Sie lustig macht. Von allen Seiten bekommen wir Sticheleien über Ihren Geiz zu hören und die Leute finden ihr Hauptvergnügen daran, Sie durch die Mangel zu nehmen, um sich immer neue Geschichten von Ihrer Knauserei zu erzählen. Der eine spricht, Sie ließen aparte Kalender drucken, in denen die Quatember und die Fasttage doppelt stünden, damit Ihre Dienstboten weniger zu essen bekämen; ein anderer behauptet, Sie hätten zur Zeit des Gesindewechsels oder um Neujahr stets einen Streit mit ihnen parat, um sich die Geschenke zu sparen. Wieder einer versichert, Sie hätten einmal die Katze Ihres Nachbars vor Gericht zitiert, weil sie Ihnen ein Stück Schöpskeule gefressen hat; noch einer, Sie wären in der Nacht dabei angetroffen worden, wie Sie selbst Ihren Pferden den Hafer aus der Krippe stahlen und

je ne sais combien de coups de bâton dont vous ne voulûtes rien dire. Enfin voulez-vous que je vous dise, on ne saurait aller nulle part où l'on ne vous entende accommoder de toutes pièces. Vous êtes la fable et la risée de tout le monde, et jamais on ne parle de vous, que sous les noms d'avare, de ladre, de vilain, et de fesse-mathieu.

HARPAGON *(en le battant).* Vous êtes un sot, un maraud, un coquin, et un impudent.

MAÎTRE JACQUES. Hé bien, ne l'avais-je pas deviné? Vous ne m'avez pas voulu croire. Je vous l'avais bien dit que je vous fâcherais de vous dire la vérité.

HARPAGON. Apprenez à parler.

SCÈNE II

MAÎTRE JACQUES, VALÈRE.

VALÈRE. À ce que je puis voir, Maître Jacques, on paye mal votre franchise.

MAÎTRE JACQUES. Morbleu, Monsieur le nouveau venu, qui faites l'homme d'importance, ce n'est pas votre affaire. Riez de vos coups de bâton quand on vous en donnera, et ne venez point rire des miens.

VALÈRE. Ah, Monsieur Maître Jacques, ne vous fâchez pas, je vous prie.

MAÎTRE JACQUES. Il file doux. Je veux faire le brave, et s'il est assez sot pour me craindre, le frotter quelque peu. Savez-vous bien, Monsieur le rieur, que je ne ris pas, moi; et que si vous m'échauffez la tête, je vous ferai rire d'une autre sorte? *(Maître Jacques pousse Valère jusques au bout du théâtre, en le menaçant.)*

VALÈRE. Eh doucement.

MAÎTRE JACQUES. Comment, doucement? il ne me plaît pas, moi.

VALÈRE. De grâce.

MAÎTRE JACQUES. Vous êtes un impertinent.

VALÈRE. Monsieur Maître Jacques.

MAÎTRE JACQUES. Il n'y a point de Monsieur Maître Jacques pour un double. Si je prends un bâton, je vous rosserai d'importance.

VALÈRE. Comment, un bâton? *(Valère le fait reculer autant qu'il l'a fait.)*

MAÎTRE JACQUES. Eh je ne parle pas de cela.

wie Ihr Kutscher, mein Vorgänger, Ihnen in der Dunkelheit ich weiß nicht wie viel Stockschläge gegeben hätte, über die Sie stillschweigen mussten. Kurz, wenn Sie es denn wissen wollen, man kann sich nirgends blicken lassen, wo man Sie nicht heruntermachen hört. Sie sind die Fabel und der Kinderspott der ganzen Stadt und heißen bei den Leuten nicht anders als der Geizteufel, der Knicker, der Filz und der Pfandwucherer.

HARPAGON *(schlägt ihn).* Und du bist ein Esel, ein Schurke und ein unverschämter Schlingel!

JACQUES. Da haben wir's! Hatte ich nun nicht ganz recht! Sie haben mir nicht glauben wollen. Ich wusste wohl, Sie würden zornig werden, wenn ich die Wahrheit sagte.

HARPAGON. Ich will dich reden lehren!

ZWEITE SZENE

JACQUES, VALÈRE.

VALÈRE. Das haben Sie von Ihrer Aufrichtigkeit, Meister Jacques.

JACQUES. Donnerwetter, Sie neugebackener Herr Haushofmeister, der sich hier so breitmacht, was geht Sie das an? Sie mögen lachen, wenn Sie selbst einmal Schläge bekommen; um meine brauchen Sie sich nicht zu kümmern.

VALÈRE. Ei, mein lieber Meister Jacques, werden Sie nur nicht böse, ich bitte Sie.

JACQUES. Er gibt klein bei; nun will ich ihm die Zähne weißen, und wenn er so dumm ist, sich vor mir zu fürchten, klopfe ich ihm die Jacke aus. Wissen Sie auch, wie Sie dastehen und lachen, dass es mir gar nicht lächerlich ist und dass, wenn Sie mir den Kopf warm machen, ich Ihnen ganz anders lachen lehren will? *(Meister Jaques droht Valère und drängt ihn in den Hintergrund der Bühne.)*

VALÈRE. O, nur sachte!

JACQUES. Was, sachte! Ich will aber nicht!

VALÈRE. Seien Sie doch vernünftig!

JACQUES. Sie sind ein unverschämter Kerl!

VALÈRE. Mein lieber Meister Jacques!

JACQUES. Ich bin nicht Ihr lieber Meister Jacques, und wenn ich einen Stock finde, werde ich Sie gewaltig verdreschen.

VALÈRE. Was? Einen Stock? *(Valère drängt ihn in den Hintergrund, wie jener bei ihm.)*

JACQUES. Ei, es war nicht so schlimm gemeint!

VALÈRE. Savez-vous bien, Monsieur le fat, que je suis homme à vous rosser vous-même?

MAÎTRE JACQUES. Je n'en doute pas.

VALÈRE. Que vous n'êtes, pour tout potage, qu'un faquin de cuisinier?

MAÎTRE JACQUES. Je le sais bien.

VALÈRE. Et que vous ne me connaissez pas encore?

MAÎTRE JACQUES. Pardonnez-moi.

VALÈRE. Vous me rosserez, dites-vous?

MAÎTRE JACQUES. Je le disais en raillant.

VALÈRE. Et moi, je ne prends point de goût à votre raillerie. *(Il lui donne des coups de bâton.)* Apprenez que vous êtes un mauvais railleur.

MAÎTRE JACQUES. Peste soit la sincérité, c'est un mauvais métier. Désormais j'y renonce, et je ne veux plus dire vrai. Passe encore pour mon maître, il a quelque droit de me battre: mais pour ce Monsieur l'intendant, je m'en vengerai si je puis.

SCÈNE III

FROSINE, MARIANE, MAÎTRE JACQUES.

FROSINE. Savez-vous, Maître Jacques, si votre maître est au logis?

MAÎTRE JACQUES. Oui vraiment il y est, je ne le sais que trop.

FROSINE. Dites-lui, je vous prie, que nous sommes ici.

SCÈNE IV

MARIANE, FROSINE.

MARIANE. Ah! que je suis, Frosine, dans un étrange état! et s'il faut dire ce que je sens, que j'appréhende cette vue!

FROSINE. Mais pourquoi, et quelle est votre inquiétude?

MARIANE. Hélas! me le demandez-vous? et ne vous figurez-vous point les alarmes d'une personne toute prête à voir le supplice où l'on veut l'attacher?

FROSINE. Je vois bien que pour mourir agréablement, Harpagon n'est pas le supplice que vous voudriez embrasser; et je connais à votre mine, que le jeune blondin dont vous m'avez parlé, vous revient un peu dans l'esprit.

VALÈRE. Wissen Sie wohl, Herr Geck, dass mir's in den Fingern juckt, Sie selbst durchzuprügeln?
JACQUES. Daran zweifle ich nicht.
VALÈRE. Dass Sie alles in allem nichts weiter sind als ein lumpiger Koch?
JACQUES. Ja, ja! Das weiß ich wohl!
VALÈRE. Und dass Sie mich noch gar nicht kennen?
JACQUES. Nehmen Sie es mir nur nicht übel!
VALÈRE. Sie wollen mich verprügeln, sagen Sie?
JACQUES. Das war ja nur ein Spaß!
VALÈRE. Ihr Spaß gefällt mir aber nicht. *(Er gibt ihm Stockschläge.)* Ich will Ihnen zeigen, dass Sie ein schlechter Spaßmacher sind!
JACQUES. Hol der Henker die Aufrichtigkeit! Es ist ein schlechtes Handwerk; von nun an befasse ich mich nicht mehr mit ihr und will mich wohl hüten, wieder die Wahrheit zu sprechen. Von meinem gnädigen Herrn mag's noch hingehen, der hat quasi das Recht, mich zu prügeln; aber dem Herrn Haushofmeister werde ich's heimzahlen, wenn ich kann.

DRITTE SZENE

FROSINE, MARIANE, JACQUES.

FROSINE. Wissen Sie, Meister Jacques, ob Ihr Herr zu Hause ist?
JACQUES. Ja, das ist er; ich weiß es nur zu gut.
FROSINE. Seien Sie so gut und sagen ihm, dass wir hier sind.

VIERTE SZENE

MARIANE, FROSINE.

MARIANE. Ach, Frosine, wie seltsam ist mir zumute! Und aufrichtig gestanden, wie fürchte ich mich vor dieser Zusammenkunft!
FROSINE. Warum denn? Und was macht Sie so bange?
MARIANE. Ach, können Sie noch fragen? Wer wäre denn nicht außer sich, wenn er im nächsten Augenblick zum Richtblock geführt werden soll?
FROSINE. Ich begreife freilich, dass Sie, um auf eine angenehme Weise zu sterben, lieber einen anderen Block umarmen möchten als Herrn Harpagon, und ich lese in Ihrem Gesicht, dass der junge Blondkopf, von dem Sie mir erzählten, Ihnen wieder ein wenig in den Sinn kommt.

MARIANE. Oui, c'est une chose, Frosine, dont je ne veux pas me défendre; et les visites respectueuses qu'il a rendues chez nous, ont fait, je vous l'avoue, quelque effet dans mon âme.

FROSINE. Mais avez-vous su quel il est?

MARIANE. Non, je ne sais point quel il est; mais je sais qu'il est fait d'un air à se faire aimer; que si l'on pouvait mettre les choses à mon choix, je le prendrais plutôt qu'un autre; et qu'il ne contribue pas peu à me faire trouver un tourment effroyable, dans l'époux qu'on veut me donner.

FROSINE. Mon Dieu, tous ces blondins sont agréables, et débitent fort bien leur fait; mais la plupart sont gueux comme des rats; et il vaut mieux pour vous, de prendre un vieux mari, qui vous donne beaucoup de bien. Je vous avoue que les sens ne trouvent pas si bien leur compte du côté que je dis, et qu'il y a quelques petits dégoûts à essuyer avec un tel époux; mais cela n'est pas pour durer; et sa mort, croyez-moi; vous mettra bientôt en état d'en prendre un plus aimable, qui réparera toutes choses.

MARIANE. Mon Dieu, Frosine, c'est une étrange affaire, lorsque pour être heureuse, il faut souhaiter ou attendre le trépas de quelqu'un, et la mort ne suit pas tous les projets que nous faisons.

FROSINE. Vous moquez-vous? Vous ne l'épousez qu'aux conditions de vous laisser veuve bientôt; et ce doit être là un des articles du contrat. Il serait bien impertinent de ne pas mourir dans trois mois! Le voici en propre personne.

MARIANE. Ah Frosine, quelle figure!

SCÈNE V

HARPAGON, FROSINE, MARIANE.

HARPAGON. Ne vous offensez pas, ma belle, si je viens à vous avec des lunettes. Je sais que vos appas frappent assez les yeux, sont assez visibles d'eux-mêmes, et qu'il n'est pas besoin de lunettes pour les apercevoir: mais enfin c'est avec des lunettes qu'on observe les astres, et je maintiens et garantis que vous êtes un astre, mais un astre, le plus bel astre qui soit dans le pays des astres. Frosine, elle ne répond mot, et ne témoigne, ce me semble, aucune joie de me voir.

FROSINE. C'est qu'elle est encore toute surprise; et puis les filles ont toujours honte à témoigner d'abord ce qu'elles ont dans l'âme.

MARIANE. Ja, Frosine, ich will's nicht leugnen und gestehe Ihnen gern, dass seine ehrerbietigen Besuche bei uns nicht ohne Eindruck auf mich geblieben sind.

FROSINE. Haben Sie denn erfahren, wer er ist?

MARIANE. Nein; wer er ist, weiß ich nicht. Aber ich weiß, dass ich ihn höchst liebenswürdig finde; dass, wenn alles von meiner Wahl abhinge, ich ihn jedem anderen vorziehen würde und dass er nicht wenig dazu beiträgt, mir die für mich bestimmte Heirat zu verleiden.

FROSINE. Liebe Zeit! Alle die jungen blonden Köpfe sind liebenswürdig und verstehen es, sich einzuschmeicheln; aber die meisten sind arm wie die Kirchenmäuse: Sie sind viel besser dran, wenn Sie einen alten Herrn nehmen, der Ihnen recht viel hinterlässt. Ich gebe zu, dass das ein großer Entschluss ist und dass man mit einem solchen Mann allerlei zu überwinden hat. Aber es dauert ja nicht lange, und sein Tod, das glaubt mir, wird Ihnen sehr bald dazu verhelfen, einen zu wählen, der Ihnen gefällt und der alles wieder gutmachen wird.

MARIANE. Mein Gott, Frosine, es ist aber doch eine betrübliche Sache, wenn man, um glücklich zu werden, den Tod eines anderen herbeiwünschen oder erwarten muss; und außerdem richtet der Tod sich selten nach unseren Plänen.

FROSINE. Sie scherzen wohl! Sie heiraten ihn unter keiner anderen Bedingung, als dass er Sie bald zur Witwe macht; das muss einer der Artikel im Vertrag sein. Er wäre ja wahrhaftig sehr rücksichtslos, wenn er nicht in drei Monaten sterben wollte! Da kommt er höchstpersönlich.

MARIANE. Ach, Frosine, welche Figur!

FÜNFTE SZENE

HARPAGON, FROSINE, MARIANE.

HARPAGON. Zürnen Sie mir nicht, meine Schöne, wenn ich mit der Brille vor Ihnen erscheine. Ich weiß, dass Ihre Reize genügend in die Augen fallen und ohnedies sichtbar genug sind, um sie auch ohne Gläser zu erkennen: Aber man beobachtet ja auch mit Gläsern die Gestirne und ich behaupte und verbürge mich dafür, dass Sie ein Stern sind, aber ein Stern erster Größe, der schönste Stern im ganzen Sternenreich. Frosine, sie antwortet keine Silbe und verrät, wie mir scheint, gar keine Freude, mich zu sehen?

FROSINE. Sie ist noch zu überrascht; und dann wissen Sie ja, die Mädchen schämen sich immer, ihre Gefühle gleich zu verraten.

HARPAGON. Tu as raison. Voilà, belle mignonne, ma fille, qui vient vous saluer.

SCÈNE VI

ÉLISE, HARPAGON, MARIANE, FROSINE.

MARIANE. Je m'acquitte bien tard, Madame, d'une telle visite.

ÉLISE. Vous avez fait, Madame, ce que je devais faire, et c'était à moi de vous prévenir.

HARPAGON. Vous voyez qu'elle est grande; mais mauvaise herbe croît toujours.

MARIANE *(bas à Frosine).* Ô l'homme déplaisant!

HARPAGON. Que dit la belle?

FROSINE. Qu'elle vous trouve admirable.

HARPAGON. C'est trop d'honneur que vous me faites, adorable mignonne.

MARIANE *(à part).* Quel animal!

HARPAGON. Je vous suis trop obligé de ces sentiments.

MARIANE *(à part).* Je n'y puis plus tenir.

HARPAGON. Voici mon fils aussi, qui vous vient faire la révérence.

MARIANE *(à part à Frosine).* Ah! Frosine, quelle rencontre! C'est justement celui dont je t'ai parlé.

FROSINE *(à Mariane).* L'aventure est merveilleuse.

HARPAGON. Je vois que vous vous étonnez de me voir de si grands enfants; mais je serai bientôt défait et de l'un, et de l'autre.

HARPAGON. Du hast recht. Hier, mein schöner Engel, kommt meine Tochter, die Sie willkommen heißen will.

SECHSTE SZENE

ÉLISE, HARPAGON, MARIANE, FROSINE.

MARIANE. Ich hätte Ihnen meinen Besuch schon längst abstatten sollen, mein Fräulein.

ÉLISE. Sie haben getan, was ich hätte tun sollen: Es wäre an mir gewesen, mein Fräulein, Ihnen zuvorzukommen.

HARPAGON. Sie sehen, sie ist schon groß; aber Unkraut wächst wie immer am schnellsten.

Mamma *(leise zu Frosine)*. Der widerwärtige Alte!

HARPAGON. Was sagt das schöne Kind?

FROSINE. Sie findet Sie höchst liebenswürdig.

HARPAGON. Sie erweisen mir zu viel Ehre, mein reizender Engel.

MARIANE *(beiseite)*. Wie unerträglich!

HARPAGON. Ihre Güte beschämt mich!

MARIANE *(beiseite)*. Ich halte das nicht länger aus.

HARPAGON. Da kommt auch mein Sohn, um Ihnen seine Aufwartung zumachen.

MARIANE *(leise zu Frosine)*. Oh, Frosine, welcher Zufall! Er ist's! Derselbe, von dem ich Ihnen erzählt habe!

FROSINE *(zu Mariane)*. Das ist eine schöne Geschichte!

HARPAGON. Ich sehe, Sie wundern sich, dass ich so große Kinder habe; aber ich werde sie mir bald alle beide vom Halse schaffen.

SCÈNE VII

CLÉANTE, HARPAGON, ÉLISE, MARIANE, FROSINE.

CLÉANTE. Madame, à vous dire le vrai, c'est ici une aventure où sans doute je ne m'attendais pas; et mon père ne m'a pas peu surpris, lorsqu'il m'a dit tantôt le dessein qu'il avait formé.

MARIANE. Je puis dire la même chose. C'est une rencontre imprévue qui m'a surprise autant que vous; et je n'étais point préparée à une pareille aventure.

CLÉANTE. Il est vrai que mon père, Madame, ne peut pas faire un plus beau choix, et que ce m'est une sensible joie, que l'honneur de vous voir: mais avec tout cela, je ne vous assurerai point que je me réjouis du dessein où vous pourriez être de devenir ma belle-mère. Le compliment, je vous l'avoue, est trop difficile pour moi; et c'est un titre, s'il vous plaît, que je ne vous souhaite point. Ce discours paraîtra brutal aux yeux de quelques-uns; mais je suis assuré que vous serez personne à le prendre comme il faudra. Que c'est un mariage, Madame, où vous vous imaginez bien que je dois avoir de la répugnance; que vous n'ignorez pas, sachant ce que je suis, comme il choque mes intérêts; et que vous voulez bien enfin que je vous dise, avec la permission de mon père, que si les choses dépendaient de moi, cet hymen ne se ferait point.

HARPAGON. Voilà un compliment bien impertinent. Quelle belle confession à lui faire!

MARIANE. Et moi, pour vous répondre, j'ai à vous dire que les choses sont fort égales; et que si vous auriez de la répugnance à me voir votre belle-mère, je n'en aurais pas moins sans doute à vous voir mon beau-fils. Ne croyez pas, je vous prie, que ce soit moi qui cherche à vous donner cette inquiétude. Je serais fort fâchée de vous causer du déplaisir; et si je ne m'y vois forcée par une puissance absolue, je vous donne ma parole, que je ne consentirai point au mariage qui vous chagrine.

HARPAGON. Elle a raison. À sot compliment, il faut une réponse de même. Je vous demande pardon, ma belle, de l'impertinence de mon fils. C'est un jeune sot, qui ne sait pas encore la conséquence des paroles qu'il dit.

MARIANE. Je vous promets que ce qu'il m'a dit ne m'a point du tout offensée; au contraire, il m'a fait plaisir de m'expliquer ainsi ses véritables sentiments. J'aime de lui un aveu de la sorte; et s'il avait parlé d'autre façon, je l'en estimerais bien moins.

SIEBENTE SZENE

CLÉANTE, HARPAGON, ÉLISE, MARIANE, FROSINE.

CLÉANTE. Wenn ich Ihnen die Wahrheit sagen soll, mein Fräulein, so war ich auf dieses Zusammentreffen freilich nicht gefasst; und mein Vater hat mich sehr überrascht, als er mir eben seinen Entschluss mitteilte.

MARIANE. Ich kann Ihnen dasselbe versichern. Diese unvermutete Begegnung überrascht mich ebenso sehr wie Sie, ich war auf einen solchen Zufall nicht vorbereitet.

CLÉANTE. Gewiss konnte mein Vater nicht besser wählen, mein Fräulein, und die Ehre, Sie hier zu sehen, gewährt mir das größte Vergnügen; aber mit alledem könnte ich Ihnen doch nicht versprechen, dass ich mich darüber freuen würde, wenn Sie meine Stiefmutter werden sollten. Es wird mir zu schwer, das gestehe ich, Sie als solche zu begrüßen, und es ist ein Name, den ich, mit Ihrer Erlaubnis, Ihnen nicht wünsche. Was ich da sage, könnte manchem unhöflich erscheinen: Aber ich bin gewiss, Sie werden meine Worte richtig zu würdigen wissen. Es ist eine Heirat, mein Fräulein, die mir, wie Sie wohl einsehen, zuwider sein muss; es kann Ihnen nicht entgehen, wie sehr sie mein eigenes Interesse verletzt; und Sie werden mir's nicht verdenken, wenn ich, mit Erlaubnis meines Vaters, Ihnen geradezu versichere, dass, wenn's nach mir ginge, diese Verbindung nicht zustande käme.

HARPAGON. Was für eine unpassende Begrüßung! Schöne Beichte, die er ihr da ablegt!

MARIANE. Und ich habe Ihnen darauf zu erwidern, dass es mir ebenso geht; und dass, so wie Sie es ungern sehen, wenn ich Ihre Stiefmutter würde, mir's ebenso zuwider sein würde, Sie zum Stiefsohn zu haben. Glauben Sie ja nicht, dass es an mir lag, Ihnen diesen Verdruss zu bereiten. Es sollte mir leid sein, Sie unzufrieden zu sehen; und wenn mich nicht eine unabweisliche Notwendigkeit dazu zwingt, gebe ich Ihnen mein Wort, nie in eine Heirat zu willigen, die Ihnen unangenehm ist.

HARPAGON. Das war recht; auf ein solches Kompliment gehört sich eine solche Antwort. Ich bitte Sie um Verzeihung, meine Schöne, wegen seiner ungehörigen Art sich auszudrücken; er ist ein junger Laffe, der das Gewicht der Worte noch nicht kennt.

MARIANE. Ich kann Ihnen versichern, dass mir das, was er gesagt hat, gar nicht beleidigend vorkam; im Gegenteil, es machte mir Vergnügen, ihn seine wahrhaften Gesinnungen aussprechen zu hören. Sein Geständnis war mir ganz lieb und ich würde sehr viel weniger von ihm halten, wenn er anders gesprochen hätte.

HARPAGON. C'est beaucoup de bonté à vous, de vouloir ainsi excuser ses fautes. Le temps le rendra plus sage, et vous verrez qu'il changera de sentiments.

CLÉANTE. Non, mon père, je ne suis point capable d'en changer; et je prie instamment Madame de le croire.

HARPAGON. Mais voyez quelle extravagance! Il continue encore plus fort.

CLÉANTE. Voulez-vous que je trahisse mon cœur?

HARPAGON. Encore? Avez-vous envie de changer de discours?

CLÉANTE. Hé bien, puisque vous voulez que je parle d'autre façon; souffrez, Madame, que je me mette ici à la place de mon père; et que je vous avoue, que je n'ai rien vu dans le monde de si charmant que vous; que je ne conçois rien d'égal au bonheur de vous plaire; et que le titre de votre époux est une gloire, une félicité, que je préférerais aux destinées des plus grands princes de la terre. Oui, Madame, le bonheur de vous posséder est à mes regards la plus belle de toutes les fortunes; c'est où j'attache toute mon ambition. Il n'y a rien que je ne sois capable de faire pour une conquête si précieuse; et les obstacles les plus puissants...

HARPAGON. Doucement, mon fils, s'il vous plaît.

CLÉANTE. C'est un compliment que je fais pour vous à Madame.

HARPAGON. Mon Dieu, j'ai une langue pour m'expliquer moi-même, et je n'ai pas besoin d'un procureur comme vous. Allons, donnez des sièges.

FROSINE. Non, il vaut mieux que de ce pas nous allions à la foire, afin d'en revenir plus tôt, et d'avoir tout le temps ensuite de vous entretenir.

HARPAGON. Qu'on mette donc les chevaux au carrosse. Je vous prie de m'excuser, ma belle, si je n'ai pas songé à vous donner un peu de collation avant que de partir.

CLÉANTE. J'y ai pourvu, mon père, et j'ai fait apporter ici quelques bassins d'oranges de la Chine, de citrons doux, et de confitures, que j'ai envoyé quérir de votre part.

HARPAGON *(bas à Valère).* Valère!

VALÈRE *(à Harpagon).* Il a perdu le sens.

CLÉANTE. Est-ce que vous trouvez, mon père, que ce ne soit pas assez? Madame aura la bonté d'excuser cela, s'il lui plaît.

MARIANE. C'est une chose qui n'était pas nécessaire.

CLÉANTE. Avez-vous jamais vu, Madame, un diamant plus vif que celui que vous voyez que mon père a au doigt?

HARPAGON. Sie sind allzu gütig, seinen Verstoß noch entschuldigen zu wollen. Mit der Zeit wird er schon klüger werden und Sie werden sehen, dass er bald ganz anders darüber denken wird.

CLÉANTE. Nein, Vater, das wäre mir nie möglich und ich bitte das Fräulein inständig, davon überzeugt zu sein.

HARPAGON. Aber da sehe einer die Ungezogenheit. Er macht ja nur immer ärger!

CLÉANTE. Soll ich denn gegen meine Überzeugung sprechen?

HARPAGON. Wahrhaftig, er bleibt dabei. Werden Sie endlich in einem anderen Ton sprechen?

CLÉANTE. Nun, wenn Ihnen dieser Ton nicht gefällt, werde ich einen anderen versuchen. Erlauben Sie, mein Fräulein, dass ich meines Vaters Stelle vertrete und Ihnen gestehe, dass ich nie ein so reizendes Wesen in der Welt gesehen habe wie Sie; dass ich mir nichts Entzückenderes vorstellen kann als das Glück, Ihnen zu gefallen; und dass der Titel, Ihr Gatte zu sein, einen Ruhm, eine Seligkeit in sich schließt, die ich dem Glanz der größten Fürsten dieser Erde vorziehen würde. Ja, mein Fräulein, das Glück, Sie zu besitzen, ist in meinen Augen das schönste Los, das einem Sterblichen zuteil werden kann: Darauf beschränkt sich mein ganzer Ehrgeiz. Es gibt nichts, dessen ich nicht fähig wäre, um einen so kostbaren Schatz zu erobern und die mächtigsten Hindernisse ...

HARPAGON. Sachte, sachte, mein Herr Sohn, mit Ihrer Erlaubnis ...

CLÉANTE. Ich spreche zu dem Fräulein in Ihrem Namen.

HARPAGON. Ach was! Ich habe selbst eine Zunge und brauche Sie nicht als Sachwalter. Heda! Bringt Stühle!

FROSINE. Nein, ich schlage vor, dass wir gleich auf den Markt fahren, um desto eher wieder hier zu sein; wir haben nachher noch alle Zeit, uns zu unterhalten.

HARPAGON Lassen Sie die Pferde anspannen! Ich bitte Sie, mich zu entschuldigen, meine Schöne, dass ich nicht daran gedacht habe, Ihnen vorher eine kleine Erfrischung anzubieten.

CLÉANTE. Dafür habe ich gesorgt, Vater. Ich habe einige Schalen mit Apfelsinen, süßen Zitronen und Konfekt bestellt, die ich in Ihrem Namen habe holen lassen.

HARPAGON *(leise zu Valère).* Valère!

VALÈRE *(zu Harpagon.)* Er muss übergeschnappt sein!

CLÉANTE. Denken Sie, mein Vater, dass es nicht genug ist? Das Fräulein wird sicher nichts dagegen haben.

MARIANE. Das war ja gar nicht nötig!

CLÉANTE. Haben Sie jemals, mein Fräulein, einen Diamanten schöner funkeln sehen, als diesen hier, den mein Vater am Finger trägt?

MARIANE. Il est vrai qu'il brille beaucoup.
CLÉANTE *(il l'ôte du doigt de son père, et le donne à Mariane).* Il faut que vous le voyiez de près.
MARIANE. Il est fort beau, sans doute, et jette quantité de feux.

CLÉANTE *(il se met au devant de Mariane, qui le veut rendre).* Nenni, Madame, il est en de trop belles mains. C'est un présent que mon père vous a fait.
HARPAGON. Moi?
CLÉANTE. N'est-il pas vrai, mon père, que vous voulez que Madame le garde pour l'amour de vous?
HARPAGON *(à part à son fils).* Comment?
CLÉANTE. Belle demande. Il me fait signe de vous le faire accepter.

MARIANE. Je ne veux point...
CLÉANTE. Vous moquez-vous? Il n'a garde de le reprendre.

HARPAGON *(à part).* J'enrage!
MARIANE. Ce serait...
CLÉANTE *(en empêchant toujours Mariane de rendre la bague).* Non, vous dis-je, c'est l'offenser.
MARIANE. De grâce...
CLÉANTE. Point du tout.
HARPAGON *(à part).* Peste soit...
CLÉANTE. Le voilà qui se scandalise de votre refus.

HARPAGON *(bas à son fils).* Ah, traître!
CLÉANTE. Vous voyez qu'il se désespère.
HARPAGON *(bas à son fils, en le menaçant).* Bourreau que tu es!
CLÉANTE. Mon père, ce n'est pas ma faute. Je fais ce que je puis pour l'obliger à la garder, mais elle est obstinée.
HARPAGON *(bas à son fils, avec emportement).* Pendard!
CLÉANTE. Vous êtes cause, Madame, que mon père me querelle.

HARPAGON *(bas à son fils, avec les mêmes grimaces).* Le coquin!
CLÉANTE. Vous le ferez tomber malade. De grâce, Madame, ne résistez point davantage.
FROSINE. Mon Dieu, que de façons! Gardez la bague, puisque Monsieur le veut.
MARIANE. Pour ne vous point mettre en colère, je la garde maintenant; et je prendrai un autre temps pour vous la rendre.

MARIANE. Es ist wahr, er hat ein ungewöhnliches Feuer.

CLÉANTE *(zieht den Diamanten vom Finger seines Vaters und überreicht ihn Mariane).* Sie müssen ihn aus der Nähe betrachten.

MARIANE. Gewiss, er ist sehr schön und spielt in den herrlichsten Farben.

CLÉANTE *(stellt sich vor Mariane, die den Ring zurückgeben will).* Oh nein, mein Fräulein, er ist in viel zu schönen Händen. Mein Vater macht Ihnen ein Geschenk damit.

HARPAGON. Ich?

CLÉANTE. Nicht wahr, Vater, Sie wollen, dass das Fräulein ihn Ihnen zuliebe behält?

HARPAGON *(leise zu seinem Sohn).* Was?

CLÉANTE. Da ist nichts zu besinnen. Er macht ein Zeichen, dass ich Sie bitten soll, ihn anzunehmen.

MARIANE. Ich will aber doch nicht ...

CLÉANTE. Sie scherzen wohl? Es fällt ihm nicht ein, ihn wieder zu nehmen.

HARPAGON *(beiseite).* Das ist ja, um des Teufels zu werden!

MARIANE. Das wäre ...

CLÉANTE *(der Mariane immer verhindert, den Ring zurückzugeben).* Nein, sage ich Ihnen; Sie würden ihn kränken.

MARIANE. Ich bitte ...

CLÉANTE. In keinem Fall!

HARPAGON *(beiseite).* Dass ihn doch die Pest ...

CLÉANTE. Sehen Sie nur, er wird schon ungehalten über Ihre Weigerung.

HARPAGON *(leise zu seinem Sohn).* Halunke!

CLÉANTE. Sie werden ihn zur Verzweiflung bringen!

HARPAGON *(leise zu seinem Sohn, dem er droht).* Schurke!

CLÉANTE. Vater, es ist nicht meine Schuld. Ich dringe in sie, soviel ich kann, dass sie den Ring behält, aber sie ist unerbittlich.

HARPAGON *(leise und drohend).* Galgenstrick!

CLÉANTE. Sie haben es auf dem Gewissen, mein Fräulein, dass mein Vater mit mir streitet.

HARPAGON *(leise zu Cléante mit demselben Spiel).* Bösewicht!

CLÉANTE. Sie werden ihn noch krank machen: ich bitte Sie um alles, mein Fräulein, weigern Sie sich doch nicht länger!

FROSINE. Mein Gott, was für Umstände! Behalten Sie doch den Ring, wenn der gnädige Herr es so will!

MARIANE. Um Sie nicht zu erzürnen, behalte ich ihn jetzt und werde ihn Ihnen zu gelegenerer Zeit wieder zurückgeben.

SCÈNE VIII

HARPAGON, MARIANE, FROSINE, CLÉANTE, BRINDAVOINE, ÉLISE.

BRINDAVOINE. Monsieur, il y a là un homme qui veut vous parler.

HARPAGON. Dis-lui que je suis empêché, et qu'il revienne une autre fois.
BRINDAVOINE. Il dit qu'il vous apporte de l'argent.
HARPAGON. Je vous demande pardon. Je reviens tout à l'heure.

SCÈNE IX

HARPAGON, MARIANE, CLÉANTE, ÉLISE, VALÈRE, *FROSINE, LA MERLUCHE.*

LA MERLUCHE *(il vient en courant, et fait tomber Harpagon).* Monsieur...
HARPAGON. Ah, je suis mort!
CLÉANTE. Qu'est-ce, mon père? Vous êtes-vous fait mal?
HARPAGON. Le traître assurément a reçu de l'argent de mes débiteurs, pour me faire rompre le cou.
VALÈRE. Cela ne sera rien.
LA MERLUCHE. Monsieur, je vous demande pardon, je croyais bien faire d'accourir vite.
HARPAGON. Que viens-tu faire ici, bourreau?
LA MERLUCHE. Vous dire que vos deux chevaux sont déferrés.

HARPAGON. Qu'on les mène promptement chez le maréchal.
CLÉANTE. En attendant qu'ils soient ferrés, je vais faire pour vous, mon père, les honneurs de votre logis, et conduire Madame dans le jardin, où je ferai porter la collation.
HARPAGON. Valère, aie un peu l'œil à tout cela; et prends soin, je te prie, de m'en sauver le plus que tu pourras, pour le renvoyer au marchand.
VALÈRE. C'est assez.
HARPAGON. Ô fils impertinent, as-tu envie de me ruiner!

ACHTE SZENE

HARPAGON, MARIANE, FROSINE, CLÉANTE, BRINDAVOINE, ÉLISE.

BRINDAVOINE. Gnädiger Herr, es ist jemand da, der Sie sprechen will.

HARPAGON. Sag ihm, ich sei verhindert; er soll ein anderes Mal wiederkommen.

BRINDAVOINE. Er bringt Ihnen Geld, sagt er.

HARPAGON. Ich bitte um Vergebung, gleich werde ich wieder da sein.

NEUNTE SZENE

HARPAGON, MARIANE, CLÉANTE, ÉLISE, VALÈRE, *FROSINE, LA MERLUCHE.*

LA MERLUCHE *(läuft herein und stößt mit Harpagon zusammen, dass er hinfällt).* Gnädiger Herr ...

HARPAGON. Au! Ich bin des Todes!

CLÉANTE. Was ist, Vater? Haben Sie sich auch Schaden zugefügt?

HARPAGON. Der Schurke war gewiss von meinen Schuldnern bestochen worden, damit er mir das Genick bricht!

VALÈRE. Es wird nichts zu sagen haben.

LA MERLUCHE. Gnädiger Herr, ich bitte um Verzeihung, ich dachte es recht gut zu machen, wenn ich so schnell laufe.

HARPAGON. Was wolltest du denn hier, du Esel?

LA MERLUCHE. Ich wollte Ihnen nur sagen, dass beide Pferde ihre Eisen verloren haben.

HARPAGON. Nun, so führe sie gleich zum Schmied.

CLÉANTE. Bis sie beschlagen werden, will ich statt Ihnen den Wirt machen, Vater, und das Fräulein in den Garten führen, wo man die Erfrischungen auftragen soll.

HARPAGON. Valère, habe ein Auge auf das alles, ich bitte dich, und rette mir, soviel du kannst; ich will es dem Kaufmann wiederschicken.

VALÈRE. Schon gut.

HARPAGON. Oh du ungeratener Sohn! Willst du mich ruinieren!

Acte 4

SCÈNE PREMIÈRE

CLÉANTE, MARIANE, ÉLISE, FROSINE.

CLÉANTE. Rentrons ici, nous serons beaucoup mieux. Il n'y a plus autour de nous personne de suspect, et nous pouvons parler librement.

ÉLISE. Oui, Madame, mon frère m'a fait confidence de la passion qu'il a pour vous. Je sais les chagrins et les déplaisirs que sont capables de causer de pareilles traverses; et c'est, je vous assure, avec une tendresse extrême que je m'intéresse à votre aventure.

MARIANE. C'est une douce consolation, que de voir dans ses intérêts une personne comme vous; et je vous conjure, Madame, de me garder toujours cette généreuse amitié, si capable de m'adoucir les cruautés de la fortune.

FROSINE. Vous êtes, par ma foi, de malheureuses gens l'un et l'autre, de ne m'avoir point avant tout ceci, avertie de votre affaire! Je vous aurais sans doute détourné cette inquiétude, et n'aurais point amené les choses où l'on voit qu'elles sont.

CLÉANTE. Que veux-tu? c'est ma mauvaise destinée qui l'a voulu ainsi. Mais, belle Mariane, quelles résolutions sont les vôtres?

MARIANE. Hélas, suis-je en pouvoir de faire des résolutions! Et dans la dépendance où je me vois, puis-je former que des souhaits?

CLÉANTE. Point d'autre appui pour moi dans votre cœur que de simples souhaits? Point de pitié officieuse? Point de secourable bonté? Point d'affection agissante?

MARIANE. Que saurais-je vous dire? Mettez-vous en ma place, et voyez ce que je puis faire. Avisez, ordonnez vous-même; je m'en remets à vous; et je vous crois trop raisonnable, pour vouloir exiger de moi, que ce qui peut m'être permis par l'honneur et la bienséance.

CLÉANTE. Hélas, où me réduisez-vous, que de me renvoyer à ce que voudront me permettre les fâcheux sentiments d'un rigoureux honneur, et d'une scrupuleuse bienséance!

MARIANE. Mais que voulez-vous que je fasse? Quand je pourrais passer sur quantité d'égards où notre sexe est obligé, j'ai de la considération pour ma mère. Elle m'a toujours élevée avec une tendresse extrême, et je ne saurais me résoudre à lui donner du déplaisir. Faites, agissez auprès d'elle. Employez tous vos soins à gagner son esprit; vous pouvez faire et dire tout ce que vous voudrez, je vous en donne la licence; et s'il ne tient qu'à me déclarer en votre faveur, je veux bien consentir à lui faire un aveu moi-même, de tout ce que je sens pour vous.

Vierter Aufzug

ERSTE SZENE

CLÉANTE, MARIANE, ÉLISE, FROSINE.

CLÉANTE. Wir sind hier viel sicherer; kommt nur alle hier herein. Hier stört uns niemand und wir können frei sprechen.

ÉLISE. Ja, liebes Fräulein, mein Bruder hat mir anvertraut, dass er Sie liebt. Ich weiß, was es heißt, seine liebsten Wünsche so gekreuzt zu sehen, und bitte Sie überzeugt zu sein, dass ich den lebhaftesten Anteil an Ihrem Schicksal nehme.

MARIANE. Es ist mir ein süßer Trost zu wissen, dass ein Wesen wie Sie sich meiner annimmt; und ich beschwöre Sie, mein Fräulein, mir stets Ihre großmütige Freundschaft zu erhalten, die mein Missgeschick so sehr zu lindern vermag.

FROSINE. Es war, bei meiner Seele, ein wahres Unglück für euch, dass ihr mich nicht schon früher in euer Geheimnis eingeweiht habt. Ich hätte alle die Widerwärtigkeiten abgewendet und die Sache nicht soweit kommen lassen.

CLÉANTE. Was hilft's! Mein Unstern hat's so gewollt. Aber zu was entschließen Sie sich, meine teure Mariane?

MARIANE. Ach, steht es denn in meiner Macht, einen Entschluss zu fassen? In meiner Abhängigkeit kann ich ja nichts anders tun, als wünschen!

CLÉANTE. Wie! Ich habe keinen anderen Beistand in Ihrem Herzen als bloße Wünsche? Kein tatkräftiges Mitleid? Keine hilfreiche Güte? Keine zum Handeln entschlossene Hingebung?

MARIANE. Was kann ich Ihnen erwidern? Versetzen Sie sich nur in meine Lage und sagen Sie mir, was ich tun kann. Raten Sie mir, bestimmen Sie alles. Ich will mich ganz auf Sie verlassen und halte Sie für zu verständig, um etwas anderes von mir zu verlangen, als was Ehre und Anstand mir erlauben.

CLÉANTE. Ach, was bleibt mir übrig, wenn Sie mich nur auf das verweisen, was die leidigen Vorschriften einer strengen Ehre und einer peinlichen Konvenienz mir gestatten?

MARIANE. Aber wie kann ich anders? Wenn ich auch die vielen Rücksichten beiseiteschieben wollte, zu denen unser Geschlecht verpflichtet ist, so bindet mich doch die zärtliche Verehrung, die ich für meine Mutter fühle. Sie hat mich seit meiner Kindheit mit der liebevollsten Sorgfalt erzogen und ich kann mich nicht entschließen, ihr Kummer zu bereiten. Handelt selbst; geben Sie sich alle Mühe, sie für sich zu gewinnen. Tun und sagen Sie, was Sie wollen, ich gebe Ihnen die Vollmacht; und wenn es nur darauf ankommt, dass ich mich zu Ihren

CLÉANTE. Frosine, ma pauvre Frosine, voudrais-tu nous servir?

FROSINE. Par ma foi, faut-il demander? Je le voudrais de tout mon cœur. Vous savez que de mon naturel, je suis assez humaine. Le Ciel ne m'a point fait l'âme de bronze; et je n'ai que trop de tendresse à rendre de petits services, quand je vois des gens qui s'entre-aiment en tout bien, et en tout honneur. Que pourrions-nous faire à ceci?

CLÉANTE. Songe un peu, je te prie.

MARIANE. Ouvre-nous des lumières.

ÉLISE. Trouve quelque invention pour rompre ce que tu as fait.

FROSINE. Ceci est assez difficile. Pour votre mère, elle n'est pas tout à fait déraisonnable, et peut-être pourrait-on la gagner, et la résoudre à transporter au fils le don qu'elle veut faire au père. Mais le mal que j'y trouve, c'est que votre père est votre père.

CLÉANTE. Cela s'entend.

FROSINE. Je veux dire qu'il conservera du dépit, si l'on montre qu'on le refuse; et qu'il ne sera point d'humeur ensuite à donner son consentement à votre mariage. Il faudrait, pour bien faire, que le refus vînt de lui-même; et tâcher par quelque moyen de le dégoûter de votre personne.

CLÉANTE. Tu as raison.

FROSINE. Oui, j'ai raison, je le sais bien. C'est là ce qu'il faudrait; mais le diantre est d'en pouvoir trouver les moyens. Attendez; si nous avions quelque femme un peu sur l'âge, qui fût de mon talent, et jouât assez bien pour contrefaire une dame de qualité, par le moyen d'un train fait à la hâte, et d'un bizarre nom de marquise, ou de vicomtesse, que nous supposerions de la basse Bretagne; j'aurais assez d'adresse pour faire accroire à votre père que ce serait une personne riche, outre ses maisons, de cent mille écus en argent comptant; qu'elle serait éperdument amoureuse de lui, et souhaiterait de se voir sa femme, jusqu'à lui donner tout son bien par contrat de mariage; et je ne doute point qu'il ne prêtât l'oreille à la proposition; car enfin, il vous aime fort, je le sais: mais il aime un peu plus l'argent; et quand ébloui de ce leurre, il aurait une fois consenti à ce qui vous touche, il importerait peu ensuite qu'il se désabusât, en venant à vouloir voir clair aux effets de notre marquise.

CLÉANTE. Tout cela est fort bien pensé.

Gunsten ausspreche, will ich mich entschließen, ihr meine ganze Neigung für Sie zu gestehen.

CLÉANTE. Frosine, meine gute Frosine, willst du uns denn nicht helfen?

FROSINE. Ei, Kinder, was braucht ihr da noch erst zu fragen? Von Herzen gern, wenn ich nur könnte! Ihr alle wisst, ich bin von Natur aus eine mitleidige Seele. Der Himmel hat mir kein eisernes Herz gegeben, und es ist mir ja immer ein Hauptvergnügen, den Leuten meine kleinen Dienste zu leisten, wenn ich sehe, dass sie sich einander in allen Ehren gut sind. Was wäre denn dabei zutun?

CLÉANTE. Denk ein wenig nach, ich bitte dich.

MARIANE. Zeige uns einen Ausweg!

ÉLISE. Erfinde ein Mittel, um den Knoten wieder zu lösen, den du geschnürt hast.

FROSINE. Das ist nicht so leicht! Wenn es nur auf Ihre Mutter ankäme, die ließe schon mit sich reden, und man könnte sie vielleicht dahin bringen, das Geschenk, das sie dem Vater zugedacht hat, auf den Sohn zu übertragen. Die Hauptschwierigkeit bleibt, dass Ihr Vater Ihr Vater ist.

CLÉANTE. Das ist klar!

FROSINE. Ich meine, er wird es nie verzeihen, wenn man ihm einen Korb gibt, und wird nachher wenig Lust haben, in eure Heirat zu willigen. Man müsste es daher so abkarten, dass er selbst sein Wort zurücknähme und ihm auf irgendeine Weise einen Widerwillen gegen das Fräulein beibringen.

CLÉANTE. Da hast du recht.

FROSINE. Freilich habe ich recht, das weiß ich wohl; so müsste man's anpacken; aber wie zum Henker soll man die Mittel finden? Still! Wenn wir eine nicht mehr ganz junge Frau auftreiben könnten, die ein Talent hätte wie ich und die gut genug Komödie spielte, um eine Dame von Stand vorzustellen? Wir könnten sie schon in aller Eile gehörig herausputzen und sie mit einem recht fremd klingenden Namen als eine Marquise oder Vicomtesse etwa aus der Bretagne auftreten lassen: ich würde es dann schon klug einfädeln und Ihrem Vater weismachen, es sei eine reiche Person, die außer ihren Häusern noch hunderttausend Taler bar hätte, sterblich in ihn verliebt wäre und keinen anderen Wunsch hätte, als seine Frau zu werden und ihm ihr ganzes Vermögen im Ehevertrag zu verschreiben; dann zweifle ich nicht, er würde auf einen solchen Vorschlag eingehen. Denn er liebt Sie zwar, das weiß ich; aber sein Geld liebt er doch noch mehr; und wenn er, durch solch einen Köder verblendet, nur erst auf Sie verzichtet, so wäre nachher nichts daran gelegen, dass ihm die Augen aufgingen, und er erführe, wie es mit dem Kapital unserer Marquise beschaffen ist.

CLÉANTE. Das alles ist sehr gut ausgedacht.

FROSINE. Laissez-moi faire. Je viens de me ressouvenir d'une de mes amies, qui sera notre fait.

CLÉANTE. Sois assurée, Frosine, de ma reconnaissance, si tu viens à bout de la chose: mais, charmante Mariane, commençons, je vous prie, par gagner votre mère; c'est toujours beaucoup faire, que de rompre ce mariage. Faites-y de votre part, je vous en conjure, tous les efforts qu'il vous sera possible. Servez-vous de tout le pouvoir que vous donne sur elle cette amitié qu'elle a pour vous. Déployez sans réserve les grâces éloquentes, les charmes tout-puissants que le Ciel a placés dans vos yeux et dans votre bouche; et n'oubliez rien, s'il vous plaît, de ces tendres paroles, de ces douces prières, et de ces caresses touchantes à qui je suis persuadé qu'on ne saurait rien refuser.

MARIANE. J'y ferai tout ce que je puis, et n'oublierai aucune chose.

SCÈNE II

HARPAGON, CLÉANTE, MARIANE, ÉLISE, FROSINE.

HARPAGON. Ouais! mon fils baise la main de sa prétendue belle-mère, et sa prétendue belle-mère ne s'en défend pas fort. Y aurait-il quelque mystère là-dessous?

ÉLISE. Voilà mon père.

HARPAGON. Le carrosse est tout prêt. Vous pouvez partir quand il vous plaira.

CLÉANTE. Puisque vous n'y allez pas, mon père, je m'en vais les conduire.

HARPAGON. Non, demeurez. Elles iront bien toutes seules; et j'ai besoin de vous.

FROSINE. Lasst mich nur machen. Mir fällt eben eine gute Freundin ein, die ganz für die Rolle passt.

CLÉANTE. Wenn dir's gelingt, Frosine, so rechne auf meine Dankbarkeit. Aber vor allem, liebste Madame, lassen Sie uns versuchen, Ihre Mutter zu gewinnen; es ist schon viel erreicht, wenn wir diese Heirat rückgängig machen. Tut dazu einerseits, ich beschwöre Sie, was Sie irgend können; ihre mütterliche Zärtlichkeit wird Ihnen Gewalt über sie geben. Ruft ohne Bedenken alle beredsame Anmut, allen unwiderstehlichen Reiz zu Hilfe, die der Himmel Ihren Augen und Ihren Lippen verliehen hat, und vergesst ja keines jener zärtlichen Worte, keine jener sanften Bitten und jener rührenden Liebkosungen, denen niemand etwas abschlagen kann.

MARIANE. Ich werde tun, was ich vermag, und nichts vergessen.

ZWEITE SZENE

HARPAGON, CLÉANTE, MARIANE, ÉLISE, FROSINE.

HARPAGON. Oha! Mein Sohn küsst seiner künftigen Stiefmutter die Hand und seine künftige Stiefmutter lässt sich's ganz ruhig gefallen! Sollte dahinter wohl etwas stecken?

ÉLISE. Da kommt unser Vater.

HARPAGON. Der Wagen ist angespannt und ihr könnt fahren, wenn es euch beliebt.

CLÉANTE. Da Sie nicht mitgehen, Vater, will ich sie begleiten.

HARPAGON. Nein, bleib hier; sie werden schon ohne dich fertig werden, und ich habe mit dir zu sprechen.

SCÈNE III

HARPAGON, CLÉANTE.

HARPAGON. Ô çà, intérêt de belle-mère à part, que te semble à toi de cette personne?

CLÉANTE. Ce qui m'en semble?

HARPAGON. Oui, de son air, de sa taille, de sa beauté, de son esprit?

CLÉANTE. Là, là.

HARPAGON. Mais encore?

CLÉANTE. À vous en parler franchement, je ne l'ai pas trouvée ici ce que je l'avais crue. Son air est de franche coquette; sa taille est assez gauche, sa beauté très médiocre, et son esprit des plus communs. Ne croyez pas que ce soit, mon père, pour vous en dégoûter; car belle-mère pour belle-mère, j'aime autant celle-là qu'une autre.

HARPAGON. Tu lui disais tantôt pourtant...

CLÉANTE. Je lui ai dit quelques douceurs en votre nom, mais c'était pour vous plaire.

HARPAGON. Si bien donc que tu n'aurais pas d'inclination pour elle?

CLÉANTE. Moi? point du tout.

HARPAGON. J'en suis fâché: car cela rompt une pensée qui m'était venue dans l'esprit. J'ai fait, en la voyant ici, réflexion sur mon âge; et j'ai songé qu'on pourra trouver à redire, de me voir marier à une si jeune personne. Cette considération m'en faisait quitter le dessein; et comme je l'ai fait demander, et que je suis pour elle engagé de parole, je te l'aurais donnée, sans l'aversion que tu témoignes.

CLÉANTE. À moi?

HARPAGON. À toi.

CLÉANTE. En mariage?

HARPAGON. En mariage.

CLÉANTE. Écoutez, il est vrai qu'elle n'est pas fort à mon goût; mais pour vous faire plaisir, mon père, je me résoudrai à l'épouser, si vous voulez.

HARPAGON. Moi? je suis plus raisonnable que tu ne penses. Je ne veux point forcer ton inclination.

CLÉANTE. Pardonnez-moi; je me ferai cet effort pour l'amour de vous.

HARPAGON. Non, non, un mariage ne saurait être heureux, où l'inclination n'est pas.

DRITTE SZENE

HARPAGON, CLÉANTE.

HARPAGON. Nun also, abgesehen von deiner Stellung zu deiner Stiefmutter, lass einmal hören, was du von dem Mädchen denkst?

CLÉANTE. Was ich von ihr denke?

HARPAGON. Ja, von ihrem Wesen, ihrer Figur, ihrer Schönheit, ihrem Verstand?

CLÉANTE. Oh, so, so!

HARPAGON. Ei!

CLÉANTE. Wenn ich offen gestehen soll, ich habe nicht in ihr gefunden, was ich mir erwartet hatte. Ihr Wesen ist das einer Erzkokette, ihre Haltung ist sehr linkisch, ihre Schönheit höchst mittelmäßig und ihr Verstand ein ganz alltäglicher. Glauben Sie ja nicht, Vater, dass ich das sage, um sie Ihnen zu verleiden; denn Stiefmutter bleibt Stiefmutter, und da ist diese mir am Ende ebenso lieb wie eine andere.

HARPAGON. Du sagtest ihr aber doch vorher …

CLÉANTE. Nun ja, ich sagte ihr einige Schmeicheleien in Ihrem Namen; aber das tat ich Ihnen zu liebe.

HARPAGON. Daraus entnehme ich also, dass du wirklich gar keine Neigung für sie hegst?

CLÉANTE. Ich? Überhaupt keine!

HARPAGON. Tut mir leid, denn es verdirbt mir einen Plan, der mir eingefallen war. Ich stellte, während sie hier war, einige Betrachtungen über mein Alter an und überlegte mir, die Leute könnten vielleicht Gerede machen, wenn ich ein so junges Mädchen zur Frau nähme. Diese Gedanken brachten mich so weit, den ganzen Plan aufzugeben; und da ich doch einmal um sie angehalten habe und mein Wort nicht zurücknehmen darf, hätte ich sie dir gegeben, wenn du mir nicht eben deine Abneigung gegen sie ausgesprochen hättest.

CLÉANTE. Mir?

HARPAGON. Ja, dir.

CLÉANTE. Zur Frau?

HARPAGON. Versteht sich, zur Frau.

CLÉANTE. Hören Sie, Vater, sie ist zwar nicht allzu sehr nach meinem Geschmack; aber um Ihnen gefällig zu sein, würde ich sie heiraten, wenn Sie es wünschen.

HARPAGON. Ich bin viel entgegenkommender, als du denkst, und ich will deiner Neigung keine Gewalt antun.

CLÉANTE. Oh verzeihen Sie; Ihnen zuliebe will ich mich darein fügen.

HARPAGON. Nein, nein. Eine Heirat kann nicht glücklich sein, wenn sie ohne Neigung geschlossen wird.

CLÉANTE. C'est une chose, mon père, qui peut-être viendra ensuite; et l'on dit que l'amour est souvent un fruit du mariage.

HARPAGON. Non, du côté de l'homme on ne doit point risquer l'affaire, et ce sont des suites fâcheuses, où je n'ai garde de me commettre. Si tu avais senti quelque inclination pour elle, à la bonne heure, je te l'aurais fait épouser, au lieu de moi; mais cela n'étant pas, je suivrai mon premier dessein, et je l'épouserai moi-même.

CLÉANTE. Hé bien, mon père, puisque les choses sont ainsi, il faut vous découvrir mon cœur, il faut vous révéler notre secret. La vérité est que je l'aime, depuis un jour que je la vis dans une promenade; que mon dessein était tantôt de vous la demander pour femme; et que rien ne m'a retenu, que la déclaration de vos sentiments, et la crainte de vous déplaire.

HARPAGON. Lui avez-vous rendu visite?

CLÉANTE. Oui, mon père.

HARPAGON. Beaucoup de fois?

CLÉANTE. Assez, pour le temps qu'il y a.

HARPAGON. Vous a-t-on bien reçu?

CLÉANTE. Fort bien; mais sans savoir qui j'étais; et c'est ce qui a fait tantôt la surprise de Mariane.

HARPAGON. Lui avez-vous déclaré votre passion, et le dessein où vous étiez de l'épouser?

CLÉANTE. Sans doute; et même j'en avais fait à sa mère quelque peu d'ouverture.

HARPAGON. A-t-elle écouté, pour sa fille, votre proposition?

CLÉANTE. Oui, fort civilement.

HARPAGON. Et la fille correspond-elle fort à votre amour?

CLÉANTE. Si j'en dois croire les apparences, je me persuade, mon père, qu'elle a quelque bonté pour moi.

HARPAGON. Je suis bien aise d'avoir appris un tel secret, et voilà justement ce que je demandais. Oh sus, mon fils, savez-vous ce qu'il y a? c'est qu'il faut songer, s'il vous plaît, à vous défaire de votre amour; à cesser toutes vos poursuites auprès d'une personne que je prétends pour moi; et à vous marier dans peu avec celle qu'on vous destine.

CLÉANTE. Oui, mon père, c'est ainsi que vous me jouez! Hé bien, puisque les choses en sont venues là, je vous déclare, moi, que je ne quitterai point la passion que j'ai pour Mariane; qu'il n'y a point d'extrémité où je ne m'abandonne, pour vous disputer sa conquête; et que

CLÉANTE. Die wird sich vielleicht nachher finden, Vater, denn man sagt ja, dass sehr oft die Liebe eine Frucht der Ehe ist.

HARPAGON. Nein. Vonseiten des Mannes ist solch ein Versuch nicht zu wagen; er könnte verdrießliche Folgen haben, denen ich mich in keinem Fall aussetzen möchte. Ja, wenn du einige Neigung für sie gehabt hättest, dann wäre es etwas anderes gewesen; dann hättest du sie in Gottes Namen statt meiner heiraten können. Da das nun aber nicht der Fall ist, werde ich auf meinen ersten Vorsatz zurückkommen und sie selbst heiraten.

CLÉANTE. Nun wohl, Vater; weil die Sache denn so steht, will ich aufrichtig sprechen und Ihnen mein Geheimnis offenbaren. Die Wahrheit ist, dass ich sie liebe seit dem Tage, an dem ich ihr zum ersten Mal auf der Promenade begegnet bin; dass es schon längst meine Absicht war, sie mir von Ihnen zur Frau zu erbitten und dass nichts mich davon zurückgehalten hat, als die Erklärung Ihrer Gesinnungen für sie und die Furcht, Ihnen zu missfallen.

HARPAGON. Hast du sie schon besucht?

CLÉANTE. Ja, Vater.

HARPAGON. Oft?

CLÉANTE. Ziemlich oft für die kurze Zeit.

HARPAGON. Hat man dich gut aufgenommen?

CLÉANTE. Sehr gut, aber ohne zu wissen, wer ich war; und deshalb war Mariane so überrascht, als sie mich sah.

HARPAGON. Hast du ihr deine Leidenschaft und zugleich deine Absicht, sie zu heiraten, erklärt?

CLÉANTE. Allerdings. Auch ihrer Mutter gegenüber habe ich etwas davon merken lassen.

HARPAGON. Ging sie auf deinen Antrag ein?

CLÉANTE. O ja; sie schien mir ganz geneigt.

HARPAGON. Und die Tochter erwidert deine Liebe?

CLÉANTE. Wenn ich dem Anschein trauen darf, so glaube ich, Vater, dass sie mir ziemlich wohlgesonnen will.

HARPAGON. Es ist mir sehr lieb, dass ich hinter dieses Geheimnis gekommen bin; das war gerade, was ich wollte. Hören Sie, mein Herr Sohn, wollen Sie also jetzt wissen, woran Sie sich zu halten haben? Sie werden so gut sein, sich Ihre Liebesgedanken aus dem Kopf zu schlagen; alle Ihre Bemühungen um ein Mädchen, das ich für mich behalten will, aufzugeben, und demnächst die Dame zu heiraten, die ich für Sie ausgesucht habe.

CLÉANTE. So also treiben Sie Ihr Spiel mit mir, Vater? Nun gut; da es einmal so weit gekommen ist, erkläre ich Ihnen meinerseits, dass ich meine Leidenschaft für Mariane nicht aufgeben werde; dass ich vor keinem Äußersten zurückschrecken will, um Ihnen Ihre Eroberung

si vous avez pour vous le consentement d'une mère, j'aurai d'autres secours, peut-être, qui combattront pour moi.

HARPAGON. Comment, pendard, tu as l'audace d'aller sur mes brisées?

CLÉANTE. C'est vous qui allez sur les miennes; et je suis le premier en date.

HARPAGON. Ne suis-je pas ton père? et ne me dois-tu pas respect?

CLÉANTE. Ce ne sont point ici des choses où les enfants soient obligés de déférer aux pères; et l'amour ne connaît personne.

HARPAGON. Je te ferai bien me connaître, avec de bons coups de bâton.

CLÉANTE. Toutes vos menaces ne feront rien.

HARPAGON. Tu renonceras à Mariane.

CLÉANTE. Point du tout.

HARPAGON. Donnez-moi un bâton tout à l'heure.

SCÈNE IV

MAÎTRE JACQUES, HARPAGON, CLÉANTE.

MAÎTRE JACQUES. Eh, eh, eh, Messieurs, qu'est-ce ci? à quoi songez-vous?

CLÉANTE. Je me moque de cela.

MAÎTRE JACQUES. Ah, Monsieur, doucement.

HARPAGON. Me parler avec cette impudence!

MAÎTRE JACQUES. Ah, Monsieur, de grâce.

CLÉANTE. Je n'en démordrai point.

MAÎTRE JACQUES. Hé quoi, à votre père?

HARPAGON. Laisse-moi faire.

MAÎTRE JACQUES. Hé quoi, à votre fils? Encore passe pour moi.

HARPAGON. Je te veux faire toi-même, Maître Jacques, juge de cette affaire, pour montrer comme j'ai raison.

MAÎTRE JACQUES. J'y consens. Éloignez-vous un peu.

HARPAGON. J'aime une fille, que je veux épouser; et le pendard a l'insolence de l'aimer avec moi, et d'y prétendre malgré mes ordres.

MAÎTRE JACQUES. Ah! il a tort.

HARPAGON. N'est-ce pas une chose épouvantable, qu'un fils qui veut entrer en concurrence avec son père? et ne doit il pas, par respect, s'abstenir de toucher à mes inclinations?

zu entreißen; und dass, wenn Sie die Mutter auf Ihrer Seite haben, ich vielleicht andere Verbündete finde, die für mich kämpfen.

HARPAGON. Wie, du Galgenstrick, du hast die Frechheit, mir ins Gehege zu kommen?

CLÉANTE. Umgekehrt! Sie gehen mir in das Meinige und ich habe das Vorrecht, hier der Erste gewesen zu sein.

HARPAGON. Bin ich nicht dein Vater? Und musst du nicht Respekt vor mir haben?

CLÉANTE. In solchen Dingen brauchen Kinder den Eltern nicht nachzustehen; und die Liebe erkennt keine Gewalt über sich.

HARPAGON. Ich werde dich mit meinem Stock nach mir fragen lehren!

CLÉANTE. Ich fürchte mich nicht vor Ihren Drohungen.

HARPAGON. Du entsagst Mariane!

CLÉANTE. Niemals!

HARPAGON. Meinen Stock her! Meinen Stock!

VIERTE SZENE

JACQUES, HARPAGON, CLÉANTE.

JACQUES. Ei, ei, ei, mein gnädiger Herr, was soll das bedeuten? Wo denken Sie hin?

CLÉANTE. Es ist zum Lachen!

JACQUES. Ei, nicht so wild, Herr Cléante!

HARPAGON. So unverschämt mit mir zu reden!

JACQUES. Aber um Himmelswillen, gnädiger Herr!

CLÉANTE. Um kein Haarbreit werde ich nachgeben!

JACQUES. Wie, Herr Cléante, gegen Ihren Vater?

HARPAGON. Lass mich, sage ich.

JACQUES. Wie, Herr Harpagon, gegen Ihren Sohn? Wenn's noch gegen mich wäre!

HARPAGON. Du sollst selbst über die Sache urteilen, Meister Jacques, und einsehen, wie sehr ich in meinem Recht bin.

JACQUES. Das will ich. Gehen Sie ein wenig zur Seite!

HARPAGON. Ich liebe ein Mädchen, das ich heiraten will; und der Galgenstrick da hat die Frechheit, sie auch zu lieben, und will trotz meines Befehls nicht von ihr lassen.

JACQUES. Ei, da hat er unrecht.

HARPAGON. Ist denn das nicht unerhört? Ein Sohn, der gegen seinen Vater in die Schranken treten will? Und muss er mir nicht aus schuldigem Respekt freiwillig das Feld räumen?

MAÎTRE JACQUES. Vous avez raison. Laissez-moi lui parler, et demeurez là. *(Il vient trouver Cléante à l'autre bout du théâtre.)*
CLÉANTE. Hé bien oui, puisqu'il veut te choisir pour juge, je n'y recule point; il ne m'importe qui ce soit; et je veux bien aussi me rapporter à toi, Maître Jacques, de notre différend.
MAÎTRE JACQUES. C'est beaucoup d'honneur que vous me faites.
CLÉANTE. Je suis épris d'une jeune personne qui répond à mes vœux, et reçoit tendrement les offres de ma foi; et mon père s'avise de venir troubler notre amour, par la demande qu'il en fait faire.

MAÎTRE JACQUES. Il a tort assurément.
CLÉANTE. N'a-t-il point de honte, à son âge, de songer à se marier? lui sied-il bien d'être encore amoureux? et ne devrait-il pas laisser cette occupation aux jeunes gens?
MAÎTRE JACQUES. Vous avez raison, il se moque. Laissez-moi lui dire deux mots. *(Il revient à Harpagon.)* Hé bien, votre fils n'est pas si étrange que vous le dites, et il se met à la raison. Il dit qu'il sait le respect qu'il vous doit, qu'il ne s'est emporté que dans la première chaleur, et qu'il ne fera point refus de se soumettre à ce qu'il vous plaira, pourvu que vous vouliez le traiter mieux que vous ne faites, et lui donner quelque personne en mariage, dont il ait lieu d'être content.

HARPAGON. Ah, dis-lui, Maître Jacques, que moyennant cela, il pourra espérer toutes choses de moi; et que hors Mariane, je lui laisse la liberté de choisir celle qu'il voudra.
MAÎTRE JACQUES *(il va au fils)*. Laissez-moi faire. Hé bien, votre père n'est pas si déraisonnable que vous le faites; et il m'a témoigné que ce sont vos emportements qui l'ont mis en colère; qu'il n'en veut seulement qu'à votre manière d'agir, et qu'il sera fort disposé à vous accorder ce que vous souhaitez, pourvu que vous vouliez vous y prendre par la douceur, et lui rendre les déférences, les respects, et les soumissions qu'un fils doit à son père.

CLÉANTE. Ah, Maître Jacques, tu lui peux assurer, que s'il m'accorde Mariane, il me verra toujours le plus soumis de tous les hommes; et que jamais je ne ferai aucune chose que par ses volontés.

MAÎTRE JACQUES. Cela est fait. Il consent à ce que vous dites.

HARPAGON. Voilà qui va le mieux du monde.
MAÎTRE JACQUES. Tout est conclu. Il est content de vos promesses.

CLÉANTE. Le Ciel en soit loué.

JACQUES. Sie haben recht. Lassen Sie mich nur mit ihm reden und bleiben Sie da. *(Er geht zu Cléante auf die andere Bühnenseite.)*

CLÉANTE. Nun gut, weil er dich zum Schiedsrichter gewählt hat, habe ich nichts dagegen; mir ist jeder recht, wer's auch sei, und du sollst entscheiden, Meister Jacques.

JACQUES. Sie erweisen mir eine große Ehre, Herr Cléante.

CLÉANTE. Ich bin unsterblich in ein junges Mädchen verliebt, das mir gleichfalls gewogen ist und meine Erklärung liebreich aufgenommen hat. Nun fällt es meinem Vater ein, unsere Liebe zu stören und selbst um sie anzuhalten.

JACQUES. Da hat er unrecht; das muss jeder einsehen.

CLÉANTE. Schämt er sich nicht, in seinem Alter noch an eine Heirat zu denken? Schickt sich's für ihn, noch verliebt sein zu wollen? Sollte er das nicht uns jungen Leuten überlassen?

JACQUES. Sie haben recht; er ist wohl nicht gescheit. Lassen Sie mich nur ein paar Worte mit ihm reden. *(Geht zu Harpagon.)* Sehen Sie, Ihr Sohn ist doch nicht so wunderlich, wie Sie sagten; er nimmt ja Vernunft an. Er sagt, er wisse sehr gut, dass er Ihnen Respekt schuldig ist, und wäre nur in der ersten Hitze so heftig geworden; er wolle sich Ihnen aber in allem unterwerfen, wenn Sie ihn ein wenig besser behandeln und ihm irgendein Mädchen zur Frau geben wollten, das ihm gefiele.

HARPAGON. Oh, dann sag ihm, Meister Jacques, in dem Fall habe er alles von mir zu hoffen, und Mariane ausgenommen, wolle ich ihm ganz freie Wahl lassen.

JACQUES *(geht zum Sohn)*. Das will ich schon machen. Sehen Sie, Ihr Vater ist ja gar nicht so unverständig, wie Sie sagen; er hat mir versichert, er sei nur über Ihr Auffahren so in Zorn geraten und nur deshalb unzufrieden ist, weil Sie es nicht auf die rechte Weise mit ihm anfingen. Er ist ganz geneigt, Ihnen alles zuzugestehen, was Sie wünschen, wenn Sie es nur mit Sanftmut vortragen und ihm die Achtung und den Respekt und Gehorsam erweisen, die ein Sohn seinem Vater schuldig ist.

CLÉANTE. Ach, Meister Jacques, du kannst ihm beteuern, dass, wenn er mir Mariane lässt, er den gehorsamsten aller Menschen in mir finden soll und dass ich nie das Geringste gegen seinen Willen beginnen werde.

JACQUES. Damit wären wir in Ordnung! Er wird alles tun, was Sie verlangen.

HARPAGON. Das geht ja sehr gut.

JACQUES. Alles ist abgemacht; er ist mit Ihren Versprechungen zufrieden.

CLÉANTE. Gott sei gelobt!

MAÎTRE JACQUES. Messieurs, vous n'avez qu'à parler ensemble: vous voilà d'accord maintenant; et vous alliez vous quereller, faute de vous entendre.

CLÉANTE. Mon pauvre Maître Jacques, je te serai obligé toute ma vie.

MAÎTRE JACQUES. Il n'y a pas de quoi, Monsieur.

HARPAGON. Tu m'as fait plaisir, Maître Jacques, et cela mérite une récompense. Va, je m'en souviendrai, je t'assure. *(Il tire son mouchoir de sa poche; ce qui fait croire à maître Jacques qu'il va lui donner quelque chose.)*

MAÎTRE JACQUES. Je vous baise les mains.

SCÈNE V

CLÉANTE, HARPAGON.

CLÉANTE. Je vous demande pardon, mon père, de l'emportement que j'ai fait paraître.

HARPAGON. Cela n'est rien.

CLÉANTE. Je vous assure que j'en ai tous les regrets du monde.

HARPAGON. Et moi, j'ai toutes les joies du monde de te voir raisonnable.

CLÉANTE. Quelle bonté à vous, d'oublier si vite ma faute!

HARPAGON. On oublie aisément les fautes des enfants, lorsqu'ils rentrent dans leur devoir.

CLÉANTE. Quoi, ne garder aucun ressentiment de toutes mes extravagances?

HARPAGON. C'est une chose où tu m'obliges, par la soumission et le respect où tu te ranges.

CLÉANTE. Je vous promets, mon père, que jusques au tombeau, je conserverai dans mon cœur le souvenir de vos bontés.

HARPAGON. Et moi, je te promets qu'il n'y aura aucune chose, que de moi tu n'obtiennes.

CLÉANTE. Ah! mon père, je ne vous demande plus rien; et c'est m'avoir assez donné, que de me donner Mariane.

HARPAGON. Comment?

CLÉANTE. Je dis, mon père, que je suis trop content de vous; et que je trouve toutes choses dans la bonté que vous avez de m'accorder Mariane.

HARPAGON. Qui est-ce qui parle de t'accorder Mariane?

CLÉANTE. Vous, mon père.

HARPAGON. Moi?

JACQUES. Meine Herren, jetzt dürft ihr weiter miteinander sprechen; ihr seid beide schon einig. Ihr zanktet vorhin bloß, weil ihr euch nicht recht verstanden hattet.

CLÉANTE. Mein guter Meister Jacques, ich werde dir zeit meines Lebens dafür dankbar sein.

JACQUES. Keine Ursache, Herr Cléante.

HARPAGON. Du hast mir wirklich einen Gefallen getan, mein ehrlicher Meister Jacques, und das verdient eine Belohnung. *(Er zieht sein Schnupftuch aus der Tasche und Meister Jacques, glaubt, dass er etwas von ihm bekommt.)*

JACQUES. Ich küsse Ihnen die Hand.

FÜNFTE SZENE

CLÉANTE, HARPAGON.

CLÉANTE. Ich bitte Sie um Verzeihung, Vater, wegen meiner Heftigkeit von vorhin.

HARPAGON. Es ist schon gut!

CLÉANTE. Ich versichere Ihnen, dass sie mir von Herzen leid ist.

HARPAGON. Und mir ist's herzlich lieb, dass du zur Vernunft gekommen bist.

CLÉANTE. Wie gütig Sie sind, meine Fehler so bald vergessen zu haben!

HARPAGON. Man verzeiht in seinen Kindern leicht, wenn sie zu ihrer Pflicht zurückkehren.

CLÉANTE. Und Sie zürnen mir wirklich nicht mehr wegen aller meiner Torheiten?

HARPAGON. Das dankst du der Unterwürfigkeit und dem Respekt, mit dem du dich meinen Wünschen gefügt hast.

CLÉANTE. Ich verspreche Ihnen, Vater, dass ich bis an mein Ende das Andenken an Ihre Güte bewahren werde.

HARPAGON. Und ich verspreche dir, dass du alles in der Welt von mir erhalten sollst.

CLÉANTE. Ach, Vater, ich bitte Sie um nichts weiter. Ich bin ja überglücklich, seit Sie mir Mariane geschenkt haben.

HARPAGON. Was sagst du da?

CLÉANTE. Ich sage, dass ich Ihnen ohnehin schon Dank genug schuldig bin und dass mir nichts zu wünschen bleibt, nachdem Sie die Großmut hatten, mir Mariane zu überlassen.

HARPAGON. Wer spricht denn davon, dir Mariane abzutreten?

CLÉANTE. Sie selbst, Vater.

HARPAGON. Ich?

CLÉANTE. Sans doute.
HARPAGON. Comment? C'est toi qui as promis d'y renoncer?

CLÉANTE. Moi, y renoncer?
HARPAGON. Oui.
CLÉANTE. Point du tout.
HARPAGON. Tu ne t'es pas départi d'y prétendre?

CLÉANTE. Au contraire, j'y suis porté plus que jamais.

HARPAGON. Quoi, pendard, derechef?
CLÉANTE. Rien ne me peut changer.
HARPAGON. Laisse-moi faire, traître.
CLÉANTE. Faites tout ce qu'il vous plaira.
HARPAGON. Je te défends de me jamais voir.
CLÉANTE. À la bonne heure.
HARPAGON. Je t'abandonne.
CLÉANTE. Abandonnez.
HARPAGON. Je te renonce pour mon fils.
CLÉANTE. Soit.
HARPAGON. Je te déshérite.
CLÉANTE. Tout ce que vous voudrez.
HARPAGON. Et je te donne ma malédiction.
CLÉANTE. Je n'ai que faire de vos dons.

SCÈNE VI

LA FLÈCHE, CLÉANTE.

LA FLÈCHE *(sortant du jardin, avec une cassette)*. Ah, Monsieur, que je vous trouve à propos! Suivez-moi vite.
CLÉANTE. Qu'y a-t-il?
LA FLÈCHE. Suivez-moi, vous dis-je, nous sommes bien.
CLÉANTE. Comment?
LA FLÈCHE. Voici votre affaire.
CLÉANTE. Quoi?
LA FLÈCHE. J'ai gagné ceci tout le jour.
CLÉANTE. Qu'est-ce que c'est?
LA FLÈCHE. Le trésor de votre père, que j'ai attrapé.
CLÉANTE. Comment as-tu fait?
LA FLÈCHE. Vous saurez tout. Sauvons-nous, je l'entends crier.

CLÉANTE. Nun freilich.
HARPAGON. Wie! Du hast ja eben erklärt, du wolltest auf sie verzichten?
CLÉANTE. Ich, auf sie verzichten?
HARPAGON. Ja.
CLÉANTE. Niemals!
HARPAGON. Hast du nicht gesagt, du wolltest keine Ansprüche auf sie machen?
CLÉANTE. Im Gegenteil, ich bin fester als je entschlossen, sie nicht aufzugeben.
HARPAGON. Was, du Galgenstrick! Fängst du noch einmal an?
CLÉANTE. Nichts wird mich davon abhalten.
HARPAGON. Warte, Halunke, warte!
CLÉANTE. Tun Sie, was Sie wollen!
HARPAGON. Ich verbiete dir, mir je wieder unter die Augen zu treten!
CLFANTHE. Immerhin!
HARPAGON. Ich ziehe meine Hand von dir ab!
CLÉANTE. Ziehen Sie sie nur ab!
HARPAGON. Ich erkenne dich nicht länger als meinen Sohn an!
CLÉANTE. Mir gleich!
HARPAGON. Ich enterbe dich!
CLÉANTE. Wie es Ihnen gefällt.
HARPAGON. Und gebe dir meinen Fluch!
CLÉANTE. Behalten Sie Ihre Gaben; ich kann sie nicht brauchen!

SECHSTE SZENE

LA FLECHE, CLÉANTE.

LA FLECHE *(kommt aus dem Garten mit einer Kassette)*. Ach, gnädiger Herr, gut, dass ich Sie finde! Kommen Sie schnell mit mir!
CLÉANTE. Was gibt's?
LA FLECHE. Kommen Sie nur mit, sage ich, wir sind gerettet!
CLÉANTE. Wieso?
LA FLECHE. Hier habe ich, was wir brauchen!
CLÉANTE. Was denn?
LA FLECHE. Den ganzen Tag habe ich danach geschielt.
CLÉANTE. Nach was denn?
LA FLECHE. Den Schatz Ihres Vaters, den ich erwischt habe!
CLÉANTE. Wie hast du das angefangen?
LA FLECHE. Sie sollen alles erfahren: jetzt aber fort, ich höre ihn schon schreien.

SCÈNE VII

HARPAGON *(il crie au voleur dès le jardin, et vient sans chapeau).* Au voleur, au voleur, à l'assassin, au meurtrier. Justice, juste Ciel. Je suis perdu, je suis assassiné, on m'a coupé la gorge, on m'a dérobé mon argent. Qui peut-ce être? qu'est-il devenu? où est-il? où se cache-t-il? que ferai-je pour le trouver? où courir? où ne pas courir? n'est-il point là? n'est-il point ici? qui est-ce? Arrête. Rends-moi mon argent, coquin... *(Il se prend lui-même le bras.)* Ah, c'est moi. Mon esprit est troublé, et j'ignore où je suis, qui je suis, et ce que je fais. Hélas, mon pauvre argent, mon pauvre argent, mon cher ami, on m'a privé de toi; et puisque tu m'es enlevé, j'ai perdu mon support, ma consolation, ma joie, tout est fini pour moi, et je n'ai plus que faire au monde. Sans toi, il m'est impossible de vivre. C'en est fait, je n'en puis plus, je me meurs, je suis mort, je suis enterré. N'y a-t-il personne qui veuille me ressusciter, en me rendant mon cher argent, ou en m'apprenant qui l'a pris? Euh? que dites-vous? Ce n'est personne. Il faut, qui que ce soit qui ait fait le coup, qu'avec beaucoup de soin on ait épié l'heure; et l'on a choisi justement le temps que je parlais à mon traître de fils. Sortons. Je veux aller quérir la justice, et faire donner la question à toute ma maison; à servantes, à valets, à fils, à fille, et à moi aussi. Que de gens assemblés! Je ne jette mes regards sur personne, qui ne me donne des soupçons, et tout me semble mon voleur. Eh? de quoi est-ce qu'on parle là? de celui qui m'a dérobé? Quel bruit fait-on là-haut? est-ce mon voleur qui y est? De grâce, si l'on sait des nouvelles de mon voleur, je supplie que l'on m'en dise. N'est-il point caché là parmi vous? Ils me regardent tous, et se mettent à rire. Vous verrez qu'ils ont part, sans doute, au vol que l'on m'a fait. Allons vite, des commissaires, des archers, des prévôts, des juges, des gênes, des potences, et des bourreaux. Je veux faire pendre tout le monde; et si je ne retrouve mon argent, je me pendrai moi-même après.

SIEBENTE SZENE

HARPAGON *(schon vom Garten her schreiend, ohne Hut).* Diebe! Diebe! Räuber, Mörder! Gerechtigkeit! O gerechter Himmel, ich bin verloren, ich bin ein geschlagener Mann, ich bin ermordet; sie haben mir den Hals umgedreht; sie haben mir mein Geld gestohlen. Wer kann's gewesen sein? Wo ist er? Wo hat er sich versteckt? Wo finde ich ihn? Wo laufe ich hin, wohin nicht? Ist er da, ist er dort? Wer ist's? Halt! *(Zu sich selbst, indem er sich am Arm packt.)* Gib mir mein Geld wieder, Spitzbube! Ach! ich bin es selbst. Mir schwindelt, ich weiß nicht, wo ich bin, wer ich bin und was ich tue. Ach, mein liebes Geld, mein liebes Geld, mein einziger Freund! Dich haben sie mir genommen, du bist mir entführt und mit dir habe ich meinen Stab, meinen Trost, meine Freude verloren; es ist aus mit mir und ich habe nichts mehr auf dieser Welt zu tun. Ohne dich kann ich nicht leben; ich bin hin, ich kann nicht mehr; ich sterbe, ich bin tot, ich bin begraben. Will mich denn niemand wieder aufwecken und mir mein liebes Geld wiedergeben oder mir sagen, wer's genommen hat? Horch! Was sagen Sie? Ach, es ist nichts. Wer's auch gewesen ist, er muss mit großer Schlauheit die Zeit abgepasst haben; er hat just den Augenblick benutzt, wo ich mit dem Halunken, meinem Sohn, sprach. Jetzt nur schnell fort: ich will die Gerichte holen; das ganze Haus soll mir auf die Folter, Mägde, Bedienten, Sohn, Tochter, ich selber! Was für ein Haufen Leute da unten zusammensteht! Da ist keiner, der mir nicht verdächtig vorkommt, jeder sieht mir aus, wie ein Dieb. He! Wovon wird da gesprochen? Von meinem Räuber? Was ist das für ein Lärm dort oben? Ist mein Dieb da? Um Gotteswillen, wenn einer etwas von meinem Spitzbuben weiß, soll er mir's sagen! Hat er sich nicht unter euch versteckt? Sie sehen mich alle an und lachen. Ihr habt gewiss eueren Anteil an dem Diebstahl. Geschwind, geschwind, Kommissare her, Häscher her, Schließer, Gerichte, Daumenschrauben, Galgen und Scharfrichter her! Die ganze Welt will ich hängen lassen und wenn ich mein Geld nicht wiederfinde, erhänge ich mich selber.

Acte 5

SCÈNE PREMIÈRE

HARPAGON, LE COMMISSAIRE, son CLERC.

LE COMMISSAIRE. Laissez-moi faire. Je sais mon métier, Dieu merci. Ce n'est pas d'aujourd'hui que je me mêle de découvrir des vols; et je voudrais avoir autant de sacs de mille francs, que j'ai fait pendre de personnes.

HARPAGON. Tous les magistrats sont intéressés à prendre cette affaire en main; et si l'on ne me fait retrouver mon argent, je demanderai justice de la justice.

LE COMMISSAIRE. Il faut faire toutes les poursuites requises. Vous dites qu'il y avait dans cette cassette?

HARPAGON. Dix mille écus bien comptés.

LE COMMISSAIRE. Dix mille écus!

HARPAGON. Dix mille écus.

LE COMMISSAIRE. Le vol est considérable.

HARPAGON. Il n'y a point de supplice assez grand pour l'énormité de ce crime; et s'il demeure impuni, les choses les plus sacrées ne sont plus en sûreté.

LE COMMISSAIRE. En quelles espèces était cette somme?

HARPAGON. En bons louis d'or, et pistoles bien trébuchantes.

LE COMMISSAIRE. Qui soupçonnez-vous de ce vol?

HARPAGON. Tout le monde; et je veux que vous arrêtiez prisonniers la ville et les faubourgs.

LE COMMISSAIRE. Il faut, si vous m'en croyez, n'effaroucher personne, et tâcher doucement d'attraper quelques preuves, afin de procéder après par la rigueur, au recouvrement des deniers qui vous ont été pris.

Fünfter Aufzug

ERSTE SZENE

HARPAGON, EIN KOMMISSAR und sein SCHREIBER.

DER KOMMISSAR. Lassen Sie mich nur machen, ich verstehe, Gott sei Dank, mein Handwerk. Es ist nicht das erste Mal, dass ich mich damit befasse, Diebstählen auf die Spur zu kommen, und ich wollte nur, ich hätte so viele Säcke, jeder mit tausend Franc, wie ich schon Delinquenten an den Galgen gebracht habe.

HARPAGON. Alle Behörden müssen sich von Rechts wegen der Sache annehmen; und wenn man mir mein Geld nicht wieder beschafft, dann fordere ich die Gerichte vor Gericht.

DER KOMMISSAR. Wir müssen alle erforderlichen Nachforschungen anstellen. Wie viel, sagten Sie, befand sich in der Schatulle?

HARPAGON. Zehntausend Taler, richtig gezählt.

DER KOMMISSAR. Zehntausend Taler!

HARPAGON. Zehntausend Taler!

DER KOMMISSAR. Ein beträchtlicher Diebstahl!

HARPAGON. Keine Strafe ist groß genug für die Entsetzlichkeit dieses Verbrechens; und wenn es unbestraft bleibt, wird das Heiligste nicht mehr sicher sein.

DER KOMMISSAR. Aus welchen Sorten bestand die Summe?

HARPAGON. Aus lauter guten Louisdoren und vollwichtigen Pistolen.

DER KOMMISSAR. Wen haben Sie in Verdacht?

HARPAGON. Die ganze Welt, und ich verlange, dass Sie mir die Stadt und alle Vorstädte gefangen nehmen.

DER KOMMISSAR. Wir müssen, wenn ich Ihnen raten soll, die Leute nicht gleich kopfscheu machen und in der Stille einige Beweise zu erlangen suchen, um dann danach mit aller Strenge verfahren und Ihnen die gestohlenen Füchse wiederschaffen zu können.

SCÈNE II

MAÎTRE JACQUES, HARPAGON, LE COMMISSAIRE, son CLERC.

MAÎTRE JACQUES *(au bout du théâtre, en se retournant du côté dont il sort).* Je m'en vais revenir. Qu'on me l'égorge tout à l'heure; qu'on me lui fasse griller les pieds; qu'on me le mette dans l'eau bouillante, et qu'on me le pende au plancher.

HARPAGON. Qui? celui qui m'a dérobé?

MAÎTRE JACQUES. Je parle d'un cochon de lait que votre intendant me vient d'envoyer, et je veux vous l'accommoder à ma fantaisie.

HARPAGON. Il n'est pas question de cela; et voilà Monsieur, à qui il faut parler d'autre chose.

LE COMMISSAIRE. Ne vous épouvantez point. Je suis homme à ne vous point scandaliser; et les choses iront dans la douceur.

MAÎTRE JACQUES. Monsieur est de votre souper?

LE COMMISSAIRE. Il faut ici, mon cher ami, ne rien cacher à votre maître.

MAÎTRE JACQUES. Ma foi, Monsieur, je montrerai tout ce que je sais faire; et je vous traiterai du mieux qu'il me sera possible.

HARPAGON. Ce n'est pas là l'affaire.

MAÎTRE JACQUES. Si je ne vous fais pas aussi bonne chère que je voudrais, c'est la faute de Monsieur notre intendant, qui m'a rogné les ailes avec les ciseaux de son économie.

HARPAGON. Traître, il s'agit d'autre chose que de souper; et je veux que tu me dises des nouvelles de l'argent qu'on m'a pris.

MAÎTRE JACQUES. On vous a pris de l'argent?

HARPAGON. Oui, coquin; et je m'en vais te pendre, si tu ne me le rends.

LE COMMISSAIRE. Mon Dieu ne le maltraitez point. Je vois à sa mine qu'il est honnête homme; et que sans se faire mettre en prison, il vous découvrira ce que vous voulez savoir. Oui, mon ami, si vous nous confessez la chose, il ne vous sera fait aucun mal, et vous serez récompensé comme il faut par votre maître. On lui a pris aujourd'hui son argent, et il n'est pas que vous ne sachiez quelques nouvelles de cette affaire.

MAÎTRE JACQUES *(à part).* Voici justement ce qu'il me faut pour me venger de notre intendant: depuis qu'il est entré céans, il est le favori,

ZWEITE SZENE

JACQUES, HARPAGON, DER KOMMISSAR
und sein SCHREIBER.

JACQUES *(im Hintergrund; er spricht zu der Seite, von der er gekommen ist).* Ich komme gleich wieder. Stecht ihn inzwischen ab und röstet mir die Füße; danach steckt ihn in siedendes Wasser und hängt ihn am Deckenbalken auf.

HARPAGON. Wen? Meinen Dieb?

JACQUES. Was Dieb! Ich spreche von einem Frischling, den mir Ihr Haushofmeister eben zugeschickt hat und den ich Ihnen auf meine Manier zubereiten will.

HARPAGON. Ach, davon ist keine Rede; der Herr hier wird dich nach ganz anderen Dingen fragen.

DER KOMMISSAR. Seid ganz ruhig, mein Freund; es soll Ihnen nichts zuleide geschehen und wir wollen alles in Güte abmachen.

JACQUES. Der Herr ist wohl für den Abend eingeladen?

DER KOMMISSAR. Sehen Sie, guter Mann, Sie müssen Ihrem Herrn nichts geheimhalten.

JACQUES. Bei meiner Seele, ich werde machen, was ich vermag; verlassen Sie sich darauf, Sie sollen mit meiner Kunst zufrieden sein.

HARPAGON. Ach, wer denkt denn daran!

JACQUES. Wenn ich Ihnen nicht soviel Gutes versetzen kann, wie ich wünschte, so ist das die Schuld unseres Herrn Haushofmeisters, der mir mit der Schere seiner Sparsamkeit die Flügel gestutzt hat!

HARPAGON. Halunke! Hier handelt sich's um ganz andere Dinge, als um unser Abendessen. Du sollst mir sagen, wo mein Geld geblieben ist, das man mir gestohlen hat!

JACQUES. Ihr Geld ist Ihnen gestohlen worden?

HARPAGON. Ja, Spitzbube; und ich will dich hängen lassen, wenn du mir es nicht wiedergibst.

DER KOMMISSAR. Mein Gott, fahren Sie ihn doch nicht so an. Ich sehe es ihm an den Augen an, dass er ein ehrlicher Mann ist und dass er Ihnen alles entdecken wird, was Sie wissen wollen, ohne dass Sie ihn ins Gefängnis bringen lassen. Ja, mein Freund, wenn Sie uns die Sache gestehen, soll Ihnen kein Haar gekrümmt werden und Sie erhalten noch obendrein eine Belohnung von Ihrem Herrn. Es ist ihm heute seine Schatulle gestohlen worden und ich bin gewiss, Sie können uns auf die Spur helfen.

JACQUES *(beiseite).* Das wäre ja die schönste Gelegenheit, um mich an unserem Haushofmeister zu rächen. Seit er ins Haus kam, ist er

on n'écoute que ses conseils; et j'ai aussi sur le cœur les coups de bâton de tantôt.

HARPAGON. Qu'as-tu à ruminer?

LE COMMISSAIRE. Laissez-le faire. Il se prépare à vous contenter; et je vous ai bien dit qu'il était honnête homme.

MAÎTRE JACQUES. Monsieur, si vous voulez que je vous dise les choses, je crois que c'est Monsieur votre cher intendant qui a fait le coup.

HARPAGON. Valère?

MAÎTRE JACQUES. Oui.

HARPAGON. Lui, qui me paraît si fidèle?

MAÎTRE JACQUES. Lui-même. Je crois que c'est lui qui vous a dérobé.

HARPAGON. Et sur quoi le crois-tu?

MAÎTRE JACQUES. Sur quoi?

HARPAGON. Oui.

MAÎTRE JACQUES. Je le crois... Sur ce que je le crois.

LE COMMISSAIRE. Mais il est nécessaire de dire les indices que vous avez.

HARPAGON. L'as-tu vu rôder autour du lieu, où j'avais mis mon argent?

MAÎTRE JACQUES. Oui, vraiment. Où était-il votre argent?

HARPAGON. Dans le jardin.

MAÎTRE JACQUES. Justement. Je l'ai vu rôder dans le jardin. Et dans quoi est-ce que cet argent était?

HARPAGON. Dans une cassette.

MAÎTRE JACQUES. Voilà l'affaire. Je lui ai vu une cassette.

HARPAGON. Et cette cassette comment est-elle faite? Je verrai bien si c'est la mienne.

MAÎTRE JACQUES. Comment elle est faite?

HARPAGON. Oui.

MAÎTRE JACQUES. Elle est faite... Elle est faite comme une cassette.

LE COMMISSAIRE. Cela s'entend. Mais dépeignez-la un peu pour voir.

MAÎTRE JACQUES. C'est une grande cassette.

HARPAGON. Celle qu'on m'a volée est petite.

MAÎTRE JACQUES. Eh, oui, elle est petite, si on le veut prendre par là; mais je l'appelle grande pour ce qu'elle contient.

LE COMMISSAIRE. Et de quelle couleur est-elle?

MAÎTRE JACQUES. De quelle couleur?

LE COMMISSAIRE. Oui.

MAÎTRE JACQUES. Elle est de couleur... Là d'une certaine couleur... Ne sauriez-vous m'aider à dire?

Hahn im Korb; unsereins wird gar nicht mehr angehört; und außerdem habe ich auch noch die letzten Stockschläge auf dem Herzen.

HARPAGON. Was brummst du da in deinen Bart?

DER KOMMISSAR. Lassen Sie ihn doch! Er macht schon Anstalt, Ihnen etwas zu sagen; ich wusste gleich, dass er ein ehrlicher Mensch ist.

JACQUES. Gnädiger Herr, wenn ich es Ihnen denn bekennen soll, so glaube ich, dass es Ihr lieber Herr Haushofmeister gewesen ist, der das Stückchen aufgeführt hat.

HARPAGON. Valère?

JACQUES. Ja.

HARPAGON. Er, den ich für so treu halte?

JACQUES. Er selbst. Ich glaube ganz gewiss, er ist es gewesen.

HARPAGON. Und weshalb glaubst du das?

JACQUES. Weshalb?

HARPAGON. Ja.

JACQUES. Ich glaube es, weil ich es glaube.

DER KOMMISSAR. Sie müssen uns aber sagen, was für Indizien Sie dafür haben.

HARPAGON. Hast du ihn um die Stelle herumschleichen sehen, wo ich mein Geld versteckt hatte?

JACQUES. Ja freilich. Wo hatten Sie denn Ihr Geld?

HARPAGON. Im Garten.

JACQUES. Richtig. Im Garten habe ich ihn herumschleichen sehen. Und worin lag Ihr Geld?

HARPAGON. In einer Schatulle.

JACQUES. Da haben wir's! Mit einer Schatulle habe ich ihn gesehen.

HARPAGON. Und die Schatulle, wie sah sie aus? Ich werde gleich hören, ob es meine war.

JACQUES. Wie sie aussah?

HARPAGON. Ja.

JACQUES. Sie sah aus, nun, sie sah aus wie eine Schatulle.

DER KOMMISSAR. Das versteht sich. Aber beschreibt sie doch ein wenig, damit wir uns überzeugen können.

JACQUES. Es war eine ziemlich große Schatulle.

HARPAGON. Die man mir gestohlen hat, ist klein.

JACQUES. Ei, nun ja, sie ist klein, wenn man's so nehmen will. Ich nenne sie nur groß, weil soviel darin ist.

DER KOMMISSAR. Was für eine Farbe hat sie?

JACQUES. Was für eine Farbe?

DER KOMMISSAR. Ja doch!

JACQUES. Sie hat eine Farbe, so eine gewisse Farbe ... Können Sie mich nicht drauf bringen?

HARPAGON. Euh?
MAÎTRE JACQUES. N'est-elle pas rouge?
HARPAGON. Non, grise.
MAÎTRE JACQUES. Eh, oui, gris-rouge; c'est ce que je voulais dire.
HARPAGON. Il n'y a point de doute. C'est elle assurément. Écrivez, Monsieur, écrivez sa déposition. Ciel! à qui désormais se fier! Il ne faut plus jurer de rien; et je crois après cela que je suis homme à me voler moi-même.

MAÎTRE JACQUES. Monsieur, le voici qui revient. Ne lui allez pas dire, au moins, que c'est moi qui vous ai découvert cela.

SCÈNE III

VALÈRE, HARPAGON, LE COMMISSAIRE, son CLERC, MAÎTRE JACQUES.

HARPAGON. Approche. Viens confesser l'action la plus noire, l'attentat le plus horrible, qui jamais ait été commis.
VALÈRE. Que voulez-vous, Monsieur?
HARPAGON. Comment, traître, tu ne rougis pas de ton crime?
VALÈRE. De quel crime voulez-vous donc parler?
HARPAGON. De quel crime je veux parler, infâme, comme si tu ne savais pas ce que je veux dire. C'est en vain que tu prétendrais de le déguiser. L'affaire est découverte, et l'on vient de m'apprendre tout. Comment abuser ainsi de ma bonté, et s'introduire exprès chez moi pour me trahir? pour me jouer un tour de cette nature?
VALÈRE. Monsieur, puisqu'on vous a découvert tout, je ne veux point chercher de détours, et vous nier la chose.
MAÎTRE JACQUES. Oh, oh. Aurais-je deviné sans y penser?

VALÈRE. C'était mon dessein de vous en parler, et je voulais attendre pour cela des conjonctures favorables; mais puisqu'il est ainsi, je vous conjure de ne vous point fâcher, et de vouloir entendre mes raisons.

HARPAGON. Et quelles belles raisons peux-tu me donner, voleur infâme?
VALÈRE. Ah! Monsieur, je n'ai pas mérité ces noms. Il est vrai que j'ai commis une offense envers vous; mais après tout ma faute est pardonnable.
HARPAGON. Comment pardonnable? Un guet-apens? Un assassinat de la sorte?

HARPAGON. Nun!
JACQUES. Ist sie nicht rot?
HARPAGON. Nein, grau.
JACQUES. Ach ja! Rotgrau; das wollte ich auch sagen.
HARPAGON. Es besteht kein Zweifel, sie muss es sein. Schreiben Sie, Herr Kommissar, schreiben Sie seine Aussagen nieder. Himmel, wem soll man nun noch trauen? Man kann auf nichts mehr schwören, und nach dieser Geschichte glaube ich, ich wäre imstande, mich selbst zu bestehlen.
JACQUES. Gnädiger Herr, da kommt er eben wieder. Aber sagen Sie ihm ja nicht, dass ich es Ihnen verraten habe.

DRITTE SZENE

VALÈRE, HARPAGON, DER KOMMISSAR, sein SCHREIBER, JACQUES, VALÈRE.

HARPAGON. Komm her und bekenne die schwärzeste Schandtat, das abscheulichste Attentat, das je begangen worden ist.
VALÈRE. Was meinen Sie, gnädiger Herr?
HARPAGON. Wie, Bösewicht, du errötest nicht über dein Verbrechen?
VALÈRE. Von welchem Verbrechen sprechen Sie?
HARPAGON. Von welchem Verbrechen ich spreche, Scheusal? Versuche nur nicht, dich herauszureden; die Sache ist entdeckt und ich weiß alles. So missbrauchst du meine Güte! Schleichst dich bei mir ein, um mich zu verraten und mir einen solchen Streich zu spielen!

VALÈRE. Da man Ihnen alles entdeckt hat, mein Herr, will ich keine Ausflüchte machen und die Sache nicht länger leugnen.
JACQUES. Oha! Sollte ich es wohl, ohne daran zu denken, richtig geraten haben?
VALÈRE. Ich hatte mir schon vorgenommen, mit Ihnen darüber zu sprechen, und wollte nur eine günstige Zeit abwarten. Aber weil es nun einmal soweit gekommen ist, beschwöre ich Sie, gelassen zu bleiben und meine Gründe anhören zu wollen.
HARPAGON. Was für saubere Gründe kannst du denn noch anführen, du ehrloser Spitzbube?
VALÈRE. Oh, mein Herr, den Namen habe ich nicht verdient. Ich gestehe, dass ich mich gegen Sie vergangen habe; aber mit alledem ist mein Fehler doch verzeihlich.
HARPAGON. Wie, verzeihlich? Ein solcher Verrat? Ein so überlegter Raub?

VALÈRE. De grâce, ne vous mettez point en colère. Quand vous m'aurez ouï, vous verrez que le mal n'est pas si grand que vous le faites.

HARPAGON. Le mal n'est pas si grand que je le fais! Quoi mon sang, mes entrailles, pendard?

VALÈRE. Votre sang, Monsieur, n'est pas tombé dans de mauvaises mains. Je suis d'une condition à ne lui point faire de tort, et il n'y a rien en tout ceci que je ne puisse bien réparer.

HARPAGON. C'est bien mon intention; et que tu me restitues ce que tu m'as ravi.

VALÈRE. Votre honneur, Monsieur, sera pleinement satisfait.

HARPAGON. Il n'est pas question d'honneur là-dedans. Mais, dis-moi, qui t'a porté à cette action?

VALÈRE. Hélas! me le demandez-vous?

HARPAGON. Oui, vraiment, je te le demande.

VALÈRE. Un dieu qui porte les excuses de tout ce qu'il fait faire: l'Amour.

HARPAGON. L'amour?

VALÈRE. Oui.

HARPAGON. Bel amour, bel amour, ma foi! L'amour de mes louis d'or.

VALÈRE. Non, Monsieur, ce ne sont point vos richesses qui m'ont tenté, ce n'est pas cela qui m'a ébloui, et je proteste de ne prétendre rien à tous vos biens, pourvu que vous me laissiez celui que j'ai.

HARPAGON. Non ferai, de par tous les diables, je ne te le laisserai pas. Mais voyez quelle insolence, de vouloir retenir le vol qu'il m'a fait!

VALÈRE. Appelez-vous cela un vol?

HARPAGON. Si je l'appelle un vol? Un trésor comme celui-là.

VALÈRE. C'est un trésor, il est vrai, et le plus précieux que vous ayez sans doute; mais ce ne sera pas le perdre, que de me le laisser. Je vous le demande à genoux, ce trésor plein de charmes; et pour bien faire, il faut que vous me l'accordiez.

HARPAGON. Je n'en ferai rien. Qu'est-ce à dire cela?

VALÈRE. Nous nous sommes promis une foi mutuelle, et avons fait serment de ne nous point abandonner.

HARPAGON. Le serment est admirable, et la promesse plaisante!

VALÈRE. Oui, nous nous sommes engagés d'être l'un à l'autre à jamais.

HARPAGON. Je vous en empêcherai bien, je vous assure.

VALÈRE. Rien que la mort ne nous peut séparer.

VALÈRE. Ich bitte Sie, ereifern Sie sich nicht. Wenn Sie mich nur erst angehört haben, werden Sie sehen, dass die Sache nicht so schlimm ist, wie Sie glauben.

HARPAGON. Nicht so schlimm, wie ich glaube! Was, du Galgenstrick, mein Herzblut, mein Liebstes auf der Welt?

VALÈRE. Ihr Blut, Herr Harpagon, ist nicht in schlechte Hände geraten. Ich werde ihm keine Schande bringen; und es ist überhaupt nichts geschehen, was ich nicht wieder gut machen könnte.

HARPAGON. Das bitte ich mir auch aus! Du sollst mir wiedergeben, was du mit entwendet hast.

VALÈRE. Ihrer Ehre soll vollkommen Genüge geschehen.

HARPAGON. Von Ehre ist ja hier nicht die Rede! Aber sage mir, was in der Welt hat dich zu der Tat bewogen?

VALÈRE. Ach, können Sie noch fragen?

HARPAGON. Ja freilich frage ich dich.

VALÈRE. Eine Gottheit, die immer entschuldigt, wozu sie uns angestiftet hat: die Liebe.

HARPAGON. Die Liebe?

VALÈRE. Ja.

HARPAGON. Schöne Liebe, schöne Liebe, bei meiner Seele! Die Liebe zu meinen Louisdoren!

VALÈRE. Nein, mein Herr, Ihr Reichtum hat mich nicht verlockt; er hat mich nicht geblendet; und ich beteure Ihnen, dass ich mit Freuden auf alle Ihre Güter verzichten will, wenn Sie mir nur lassen, was ich habe.

HARPAGON. Den Teufel auch lasse ich dir! Nichts lasse ich. Aber da sehe mir einer die Unverschämtheit. Er will das gestohlene Gut behalten!

VALÈRE. Nennen Sie das einen Diebstahl?

HARPAGON. Ob ich es einen Diebstahl nenne? Einen solchen Schatz?

VALÈRE. Es ist ein Schatz, das ist wahr, und gewiss der kostbarste, den Sie besitzen, aber Sie verlieren ihn ja nicht, wenn Sie ihn mir lassen. Ich bitte Sie fußfällig um diesen reizenden Schatz; Sie täten gewiss am besten, ihn mir freiwillig zu gewähren.

HARPAGON. Niemals! Wie kann dir das nur einfallen?

VALÈRE. Wir haben uns gegenseitig Treue geschworen und versprochen, einander nie zu verlassen.

HARPAGON. Das ist ja ein kostbarer Schwur und ein wundervolles Versprechen!

VALÈRE. Ja, wir haben uns gelobt, uns auf ewig anzugehören.

HARPAGON. Das wollen wir doch erst sehen; und ich werde euch schon auseinanderbringen!

VALÈRE. Nur der Tod kann uns scheiden!

HARPAGON. C'est être bien endiablé après mon argent.

VALÈRE. Je vous ai déjà dit, Monsieur, que ce n'était point l'intérêt qui m'avait poussé à faire ce que j'ai fait. Mon cœur n'a point agi par les ressorts que vous pensez, et un motif plus noble m'a inspiré cette résolution.

HARPAGON. Vous verrez que c'est par charité chrétienne qu'il veut avoir mon bien; mais j'y donnerai bon ordre; et la justice, pendard effronté, me va faire raison de tout.

VALÈRE. Vous en userez comme vous voudrez, et me voilà prêt à souffrir toutes les violences qu'il vous plaira; mais je vous prie de croire, au moins, que s'il y a du mal, ce n'est que moi qu'il en faut accuser, et que votre fille en tout ceci n'est aucunement coupable.

HARPAGON. Je le crois bien, vraiment; il serait fort étrange que ma fille eût trempé dans ce crime. Mais je veux ravoir mon affaire, et que tu me confesses en quel endroit tu me l'as enlevée.

VALÈRE. Moi? je ne l'ai point enlevée, et elle est encore chez vous.

HARPAGON. Ô ma chère cassette! Elle n'est point sortie de ma maison?

VALÈRE. Non, Monsieur.

HARPAGON. Hé, dis-moi donc un peu; tu n'y as point touché?

VALÈRE. Moi, y toucher? Ah! vous lui faites tort, aussi bien qu'à moi; et c'est d'une ardeur toute pure et respectueuse, que j'ai brûlé pour elle.

HARPAGON. Brûlé pour ma cassette!

VALÈRE. J'aimerais mieux mourir que de lui avoir fait paraître aucune pensée offensante. Elle est trop sage et trop honnête pour cela.

HARPAGON. Ma cassette trop honnête!

VALÈRE. Tous mes désirs se sont bornés à jouir de sa vue; et rien de criminel n'a profané la passion que ses beaux yeux m'ont inspirée.

HARPAGON. Les beaux yeux de ma cassette! Il parle d'elle, comme un amant d'une maîtresse.

VALÈRE. Dame Claude, Monsieur, sait la vérité de cette aventure, et elle vous peut rendre témoignage...

HARPAGON. Quoi, ma servante est complice de l'affaire?

VALÈRE. Oui, Monsieur, elle a été témoin de notre engagement; et c'est après avoir connu l'honnêteté de ma flamme, qu'elle m'a aidé à persuader votre fille de me donner sa foi, et recevoir la mienne.

HARPAGON. Eh? Est-ce que la peur de la justice le fait extravaguer? Que nous brouilles-tu ici de ma fille?

HARPAGON. Der Mensch ist ja ganz verteufelt in mein Geld verliebt!

VALÈRE. Ich habe Ihnen schon gesagt, Herr Harpagon, dass kein Eigennutz mich verleitet hat. Es sind nicht die Beweggründe, die Sie mir zutrauen, die mich dazu getrieben haben; mein Entschluss ist aus einer edleren Eingebung hervorgegangen.

HARPAGON. Er wird mir am Ende wahrhaftig noch beweisen, es sei aus christlicher Liebe geschehen. Aber ich werde schon Rat schaffen, und die Obrigkeit, du unverschämter Galgenstrick, wird mir zu meinem Recht verhelfen.

VALÈRE. Sie mögen tun, was Ihnen beliebt, und ich bin bereit, alles über mich ergehen zu lassen. Aber das eine bitte ich Sie zu glauben, dass, wenn ein Unrecht begangen ist, nur ich der Schuldige bin, und dass Ihre Tochter keinen Teil daran hat.

HARPAGON. Das fehlte auch wahrhaftig noch! Wie käme denn auch meine Tochter dazu, die Mitschuldige eines so gräulichen Verbrechens zu sein? Aber ich will mein Eigentum wieder haben und du sollst mir gestehen, wohin du sie entführt hast?

VALÈRE. Ich? Ich habe sie nicht entführt; sie ist noch in Ihrem Haus.

HARPAGON. Oh meine liebe Schatulle! Wie, sie ist gar nicht aus meinem Haus gekommen?

VALÈRE. Nein, Herr Harpagon.

HARPAGON. Ach, sag mir doch gleich, hast du sie noch nicht berührt?

VALÈRE. Ich, sie berührt? Oh, Sie tun uns beiden das größte Unrecht! Es ist die reinste und ehrerbietigste Liebe, von der ich für sie glühe.

HARPAGON. Er glüht für meine Schatulle?

VALÈRE. Ich würde ja lieber sterben, als einen beleidigenden Gedanken gegen sie zu äußern. Dazu ist sie zu gut, zu rechtschaffen.

HARPAGON. Meine Schatulle zu rechtschaffen?

VALÈRE. Alle meine Wünsche haben sich darauf beschränkt, mich an ihrem Anblick zu weiden, und nichts Strafbares hat die Leidenschaft entweiht, die ihre schönen Augen in mir entzündet haben.

HARPAGON. Die schönen Augen meiner Schatulle? Er spricht weiß Gott von ihr, wie ein Liebhaber von seiner Geliebten!

VALÈRE. Frau Claude, Herr Harpagon, weiß den ganzen Hergang und kann Ihnen bezeugen …

HARPAGON. Was? Meine Haushälterin ist auch daran beteiligt?

VALÈRE. Ja, Herr Harpagon. Sie war Zeuge unserer Verlobung; und nachdem sie die Redlichkeit meiner Absichten erkannt hatte, half sie mir, Ihre Tochter zu überreden, dass sie mir ihre Treue gelobte, und mein Versprechen empfing.

HARPAGON. Was zum Teufel! Hat die Furcht vor der Justiz ihm den Kopf verrückt? Was faselst du dazwischen von meiner Tochter?

VALÈRE. Je dis, Monsieur, que j'ai eu toutes les peines du monde à faire consentir sa pudeur à ce que voulait mon amour.

HARPAGON. La pudeur de qui?

VALÈRE. De votre fille; et c'est seulement depuis hier qu'elle a pu se résoudre à nous signer mutuellement une promesse de mariage.

HARPAGON. Ma fille t'a signé une promesse de mariage!

VALÈRE. Oui, Monsieur; comme de ma part je lui en ai signé une.

HARPAGON. Ô Ciel! autre disgrâce!

MAÎTRE JACQUES. Écrivez, Monsieur, écrivez.

HARPAGON. Rengrègement de mal! Surcroît de désespoir! Allons, Monsieur, faites le dû de votre charge, et dressez-lui-moi son procès, comme larron, et comme suborneur.

VALÈRE. Ce sont des noms qui ne me sont point dus; et quand on saura qui je suis...

SCÈNE IV

ÉLISE, MARIANE, FROSINE, HARPAGON, VALÈRE, MAÎTRE JACQUES, LE COMMISSAIRE, son CLERC.

HARPAGON. Ah! fille scélérate! fille indigne d'un père comme moi! C'est ainsi que tu pratiques les leçons que je t'ai données! Tu te laisses prendre d'amour pour un voleur infâme, et tu lui engages ta foi sans mon consentement? Mais vous serez trompés l'un et l'autre. Quatre bonnes murailles me répondront de ta conduite; et une bonne potence me fera raison de ton audace.

VALÈRE. Ce ne sera point votre passion qui jugera l'affaire; et l'on m'écoutera, au moins, avant que de me condamner.

HARPAGON. Je me suis abusé de dire une potence; et tu seras roué tout vif.

ÉLISE *(à genoux devant son père)*. Ah! mon père, prenez des sentiments un peu plus humains, je vous prie, et n'allez point pousser les choses dans les dernières violences du pouvoir paternel: Ne vous laissez point entraîner aux premiers mouvements de votre passion, et donnez-vous le temps de considérer ce que vous voulez faire. Prenez la peine de mieux voir celui dont vous vous offensez: il est tout autre que vos yeux ne le jugent; et vous trouverez moins étrange que je me sois donnée à lui, lorsque vous saurez que sans lui vous ne m'auriez plus il y a longtemps. Oui, mon père, c'est celui qui me sauva de ce grand péril que

VALÈRE. Ich sage, Herr Harpagon, dass ich alle Mühe gehabt habe, ihre Bedenklichkeit dahin zu bringen, dass sie meiner Liebe Gehör gab.

HARPAGON. Wessen Bedenklichkeit?

VALÈRE. Ihrer Tochter; und erst gestern hat sie sich entschließen wollen, ein gegenseitiges Heiratsversprechen mit mir zu unterzeichnen.

HARPAGON. Meine Tochter hat dir ein Heiratsversprechen unterschrieben?

VALÈRE. Ja, Herr Harpagon, wie ich ihr denn meinerseits gleichfalls eins ausgestellt habe.

HARPAGON. O Himmel! Welch ein neues Unglück!

JACQUES. Schreiben Sie, Herr Kommissar, schreiben Sie!

HARPAGON. Neues Elend! Schmach über Schmach! Geschwind, mein Herr. Tun Sie, was Ihres Amtes ist: Schreiben Sie ihn ins Protokoll als Dieb und als Mädchenräuber.

VALÈRE. Das sind Namen, die mir nicht zukommen; und wenn Sie hören werden, wer ich bin …

VIERTE SZENE

ÉLISE, MARIANE, FROSINE, HARPAGON, VALÈRE, JACQUES, DER KOMMISSAR, sein SCHREIBER.

HARPAGON. O du entartete Tochter, die einen Vater wie ich gar nicht verdient! So also befolgst du die Lehren, die ich dir gegeben habe? Verliebst dich in einen ehrlosen Dieb und versprichst ihm deine Hand ohne meine Zustimmung? Aber ihr sollt euch beide verrechnet haben. Vier feste Mauern sollen mir für deine Aufführung bürgen und ein tüchtiger Galgen wird mich für deine Frechheit rächen!

VALÈRE. Ihr Zorn wird in dieser Sache nicht das Urteil sprechen; und wenigstens werde ich doch gehört werden, ehe man mich verurteilt.

HARPAGON. Ich versprach mich, als ich den Galgen nannte: Lebendig gerädert sollst du werden.

ÉLISE *(kniet vor Harpagon nieder)*. Ach, teurer Vater, seien Sie doch menschlicher, ich beschwöre Sie, und treiben Sie Ihre väterliche Gewalt nicht aufs Äußerste. Lassen Sie sich nicht von der ersten Aufregung Ihres Zorns hinreißen und nehmen Sie sich etwas Zeit, ehe Sie beschließen, was Sie tun wollen. Geben Sie sich die Mühe, den, von dem Sie sich beleidigt glauben, besser kennenzulernen; er ist ein ganz anderer, als für den Sie ihn halten; und es wird Ihnen weniger befremdlich vorkommen, dass ich ihm meine Hand zugesagt habe, wenn Sie hören werden, dass Sie mich ohne ihn schon längst verloren haben würden. Ja, bester Vater, er war's, der mich einst aus der großen

vous savez que je courus dans l'eau, et à qui vous devez la vie de cette même fille, dont...

HARPAGON. Tout cela n'est rien; et il valait bien mieux pour moi, qu'il te laissât noyer, que de faire ce qu'il a fait.

ÉLISE. Mon père, je vous conjure, par l'amour paternel, de me...

HARPAGON. Non, non, je ne veux rien entendre; et il faut que la justice fasse son devoir.

MAÎTRE JACQUES. Tu me payeras mes coups de bâton.

FROSINE. Voici un étrange embarras.

SCÈNE V

ANSELME, HARPAGON, ÉLISE, MARIANE, FROSINE, VALÈRE, MAÎTRE JACQUES, LE COMMISSAIRE, son CLERC.

ANSELME. Qu'est-ce, Seigneur Harpagon, je vous vois tout ému.

HARPAGON. Ah! Seigneur Anselme, vous me voyez le plus infortuné de tous les hommes; et voici bien du trouble et du désordre au contrat que vous venez faire! On m'assassine dans le bien, on m'assassine dans l'honneur; et voilà un traître, un scélérat, qui a violé tous les droits les plus saints; qui s'est coulé chez moi sous le titre de domestique, pour me dérober mon argent, et pour me suborner ma fille.

VALÈRE. Qui songe à votre argent, dont vous me faites un galimatias?

HARPAGON. Oui, ils se sont donné l'un et l'autre une promesse de mariage. Cet affront vous regarde, Seigneur Anselme; et c'est vous qui devez vous rendre partie contre lui, et faire toutes les poursuites de la justice, pour vous venger de son insolence.

ANSELME. Ce n'est pas mon dessein de me faire épouser par force, et de rien prétendre à un cœur qui se serait donné; mais pour vos intérêts, je suis prêt à les embrasser ainsi que les miens propres.

HARPAGON. Voilà Monsieur, qui est un honnête commissaire, qui n'oubliera rien à ce qu'il m'a dit de la fonction de son office. Chargez-le comme il faut, Monsieur, et rendez les choses bien criminelles.

VALÈRE. Je ne vois pas quel crime on me peut faire de la passion que j'ai pour votre fille, et le supplice où vous croyez que je puisse être condamné pour notre engagement, lorsqu'on saura ce que je suis...

HARPAGON. Je me moque de tous ces contes; et le monde aujourd'hui n'est plein que de ces larrons de noblesse, que de ces imposteurs, qui

Gefahr rettete, der mich aus dem Wasser zog und dem Sie das Leben Ihrer Tochter zu danken haben ...

HARPAGON. Das alles ist nichts. Es wäre viel besser für mich, er hätte dich ertrinken lassen, als dass er mir das angetan hat!

ÉLISE. Ach, mein Vater, bei Ihrer väterlichen Liebe beschwöre ich Sie ...

HARPAGON. Nichts da! Ich will nichts hören; und die Gerechtigkeit soll ihren Fortgang haben.

JACQUES. Du sollst mir deine Stockschläge bezahlen!

FROSINE. Welche seltsame Verwirrung!

FÜNFTE SZENE

ANSELME, HARPAGON, ÉLISE, MARIANE, FROSINE, VALÈRE, JACQUES, DER KOMMISSAR, sein SCHREIBER.

ANSELME. Was haben Sie vor, Herr Harpagon? Sie sind ja ganz außer sich!

HARPAGON. Ach, Herr Anselme, ich bin der unglücklichste Mensch auf Erden; und mit dem Vertrag, den Sie schließen wollen, sieht es noch sehr verwirrt und weitläufig aus. Man raubt mein Geld, man raubt meine Ehre an; hier steht der Verräter, der Bösewicht, der die allerheiligste Pflichten mit Füßen tritt. Er hat sich unter dem Namen eines Dieners in mein Haus geschlichen, um mir mein Geld zu stehlen und meine Tochter zu verführen.

VALÈRE. Wer denkt denn an Ihr Geld, von dem Ihr mir immer vorschwatzt?

HARPAGON. Ja, sie haben sich einander die Ehe versprochen: Der Schimpf fällt zunächst auf Sie zurück, Herr Anselme, und an Ihnen ist es jetzt, gegen ihn Klage zu erheben und eine gerichtliche Untersuchung einzuleiten, um sich an dem Unverschämten zu rächen.

ANSELME. Es ist nie meine Absicht gewesen, eine Heirat durch Zwang zustande zu bringen und Anspruch auf ein Herz zu machen, das sich schon verschenkt hat. Was aber Ihr Interesse betrifft, so bin ich bereit, es zu wahren, als ob es mein eigenes wäre.

HARPAGON. Hier ist ein wackerer Kommissar, der mir versprochen hat, nichts zu vergessen, was seines Amtes ist. Setzen Sie ihm recht scharf zu, mein Herr, und stellen Sie sein Verbrechen ins grellste Licht.

VALÈRE. Ich begreife nicht, wie man aus meiner Liebe zu Ihrer Tochter ein Verbrechen machen will, noch wie ich wegen unserer Verlobung bestraft werden kann, wenn man erfahren wird, wer ich bin ...

HARPAGON. Über solche Märchen lache ich nur. Es wimmelt jetzt überall von solchen sogenannten Adligen, solchen Schwindlern, die

tirent avantage de leur obscurité, et s'habillent insolemment du premier nom illustre qu'ils s'avisent de prendre.

VALÈRE. Sachez que j'ai le cœur trop bon, pour me parer de quelque chose qui ne soit point à moi, et que tout Naples peut rendre témoignage de ma naissance.

ANSELME. Tout beau. Prenez garde à ce que vous allez dire. Vous risquez ici plus que vous ne pensez; et vous parlez devant un homme à qui tout Naples est connu, et qui peut aisément voir clair dans l'histoire que vous ferez.

VALÈRE *(en mettant fièrement son chapeau).* Je ne suis point homme à rien craindre; et si Naples vous est connu, vous savez qui était Dom Thomas d'Alburcy.

ANSELME. Sans doute je le sais; et peu de gens l'ont connu mieux que moi.

HARPAGON. Je ne me soucie, ni de Dom Thomas, ni de Dom Martin.

ANSELME. De grâce, laissez-le parler, nous verrons ce qu'il en veut dire.

VALÈRE. Je veux dire que c'est lui qui m'a donné le jour.

ANSELME. Lui?

VALÈRE. Oui.

ANSELME. Allez. Vous vous moquez. Cherchez quelque autre histoire, qui vous puisse mieux réussir; et ne prétendez pas vous sauver sous cette imposture.

VALÈRE. Songez à mieux parler. Ce n'est point une imposture; et je n'avance rien qu'il ne me soit aisé de justifier.

ANSELME. Quoi vous osez vous dire fils de Dom Thomas d'Alburcy?

VALÈRE. Oui, je l'ose; et je suis prêt de soutenir cette vérité contre qui que ce soit.

ANSELME. L'audace est merveilleuse. Apprenez, pour vous confondre, qu'il y a seize ans pour le moins, que l'homme dont vous nous parlez, périt sur mer avec ses enfants et sa femme, en voulant dérober leur vie aux cruelles persécutions qui ont accompagné les désordres de Naples, et qui en firent exiler plusieurs nobles familles.

VALÈRE. Oui: mais apprenez, pour vous confondre, vous, que son fils âgé de sept ans, avec un domestique, fut sauvé de ce naufrage par un vaisseau espagnol, et que ce fils sauvé est celui qui vous parle. Apprenez que le capitaine de ce vaisseau, touché de ma fortune, prit amitié pour moi; qu'il me fit élever comme son propre fils, et que les armes furent mon emploi dès que je m'en trouvai capable. Que j'ai su depuis

es benutzen, dass niemand ihre obskure Herkunft kennt, und sich frecherweise mit dem erstbesten berühmten Namen ein Ansehen geben.

VALÈRE. So lassen Sie sich gesagt sein, dass ich zu stolz bin, mich mit erborgten Federn zu schmücken und dass ganz Neapel Ihnen bezeugen kann, welcher Familie ich angehöre.

ANSELME Sachte, sachte. Bedenken Sie, was Sie sagen wollen. Sie wagen hier mehr, als Sie sich vielleicht vorstellen; Sie haben einen Mann vor sich, der ganz Neapel kennt und der Ihre Erzählung sehr bald durchschauen wird.

VALÈRE *(setzt trotzig seinen Hut auf)*. Ich habe niemand zu scheuen; und wenn Sie Neapel kennen, werden Sie wissen, wer Don Thomas d'Alburci war.

ANSELME. Das weiß ich allerdings und es haben ihn wenig Menschen besser gekannt als ich.

HARPAGON. Ich frage den Henker weder nach Don Thomas, noch nach Don Martin.

ANSELME. Ich bitte Sie, lassen Sie ihn ausreden; wir wollen doch sehen, was er über ihn vorbringen wird.

VALÈRE. Nur das eine, dass er mein Vater ist.

ANSELME. Er?

VALÈRE. Ja.

ANSELME. Gehen Sie, Sie wollen uns zum Besten halten. Denken Sie sich ein anderes Märchen aus, mit dem Sie besser bestehen können, und geben Sie es auf, sich mit dieser Geschichte zu retten.

VALÈRE. Wählen Sie Worte vorsichtiger. Was ich sage, ist keine Geschichte, und ich behaupte nichts, was ich nicht mit leichter Mühe beweisen kann.

ANSELME. Wie, Sie wagen sich, für den Sohn des Don Thomas d'Alburci auszugeben?

VALÈRE. Ja, das wage ich und bin bereit, diese Wahrheit gegen jeden, wer es auch ist, zu verteidigen.

ANSELME. Ihre Kühnheit ist unerhört! Erfahren Sie denn zu Ihrer Beschämung, dass der Mann, von dem Sie sprechen, vor mehr als sechzehn Jahren mit seiner Frau und seinen Kindern auf dem Meer umgekommen ist. Er wollte sich den grausamen Verfolgungen entziehen, die der neapolitanische Aufstand hervorrief und die so viele edle Familien aus der Heimat vertrieben haben.

VALÈRE. Jawohl. Erfahren Sie denn aber zu Ihrer Beschämung dagegen, dass sein damals siebenjähriger Sohn mit einem Diener bei diesem Schiffbruch von einem spanischen Fahrzeug errettet wurde und dass ich selbst, der hier mit Ihnen redet, dieser gerettete Sohn bin. Erfahren Sie, dass der Kapitän dieses Schiffs aus Mitleid mit meinem Unglück sich freundlich meiner annahm, mich wie seinen eigenen

peu, que mon père n'était point mort, comme je l'avais toujours cru; que passant ici pour l'aller chercher, une aventure par le Ciel concertée, me fit voir la charmante Élise; que cette vue me rendit esclave de ses beautés; et que la violence de mon amour, et les sévérités de son père, me firent prendre la résolution de m'introduire dans son logis, et d'envoyer un autre à la quête de mes parents.

ANSELME. Mais quels témoignages encore, autres que vos paroles, nous peuvent assurer que ce ne soit point une fable que vous ayez bâtie sur une vérité?

VALÈRE. Le capitaine espagnol; un cachet de rubis qui était à mon père; un bracelet d'agate que ma mère m'avait mis au bras; le vieux Pedro, ce domestique, qui se sauva avec moi du naufrage.

MARIANE. Hélas! à vos paroles, je puis ici répondre, moi, que vous n'imposez point; et tout ce que vous dites, me fait connaître clairement que vous êtes mon frère.

VALÈRE. Vous, ma sœur?

MARIANE. Oui, mon cœur s'est ému, dès le moment que vous avez ouvert la bouche; et notre mère, que vous allez ravir, m'a mille fois entretenue des disgrâces de notre famille. Le Ciel ne nous fit point aussi périr dans ce triste naufrage; mais il ne nous sauva la vie que par la perte de notre liberté; et ce furent des corsaires qui nous recueillirent, ma mère, et moi, sur un débris de notre vaisseau. Après dix ans d'esclavage, une heureuse fortune nous rendit notre liberté, et nous retournâmes dans Naples, où nous trouvâmes tout notre bien vendu, sans y pouvoir trouver des nouvelles de notre père. Nous passâmes à Gênes, où ma mère alla ramasser quelques malheureux restes d'une succession qu'on avait déchirée; et de là, fuyant la barbare injustice de ses parents, elle vint en ces lieux, où elle n'a presque vécu que d'une vie languissante.

ANSELME. Ô Ciel! quels sont les traits de ta puissance! et que tu fais bien voir qu'il n'appartient qu'à toi de faire des miracles. Embrassez-moi, mes enfants, et mêlez tous deux vos transports à ceux de votre père.

VALÈRE. Vous êtes notre père?

MARIANE. C'est vous que ma mère a tant pleuré?

Sohn erziehen und in Kriegsdienste treten ließ, sobald ich herangewachsen war; dass ich erst vor Kurzem erfuhr, mein Vater sei nicht tot, wie ich immer geglaubt hatte, dass ich durch eine Fügung des Himmels, nachdem ich hier angekommen war, um ihn aufzusuchen, die reizende Élise kennenlernte; dass ihr Anblick mich zum Sklaven ihrer Schönheit machte und dass die Heftigkeit meiner Leidenschaft und die Strenge ihres Vaters mich zu dem Entschluss brachten, in seinem Haus Dienste zu nehmen und einem anderen aufzutragen, die Nachforschungen nach meinen Eltern fortzusetzen.

ANSELME. Aber was für andere Zeugen als Ihre alleinige Erzählung haben Sie, um uns zu beweisen, dass dies alles nicht eine Geschichte ist, der vielleicht etwas Wahres zum Grunde liegt?

VALÈRE. Meine Zeugen sind der spanische Kapitän; ein Petschaft von Rubin, das meinem Vater gehörte; ein Armband von Achaten, das meine Mutter mir um das Handgelenk gebunden hatte; schließlich der alte Pedro, der treue Diener, der sich mit mir zugleich aus dem Schiffbruch rettete.

MARIANE. Ach! Nach dem allen kann ich verbürgen, dass dies kein Betrug ist; alles, was Sie sagen, lässt mir keinen Zweifel, dass Sie mein Bruder sind.

VALÈRE. Sie meine Schwester?

MARIANE. Ja. Vom ersten Augenblick an, wo Sie zu sprechen begannen, ergriff mich eine Rührung; unsere Mutter, die außer sich vor Freude sein wird, hat mir hundert Mal das Unglück unserer Familie erzählt. Auch uns hat der Himmel in diesem furchtbaren Schiffbruch nicht untergehen lassen; aber wir mussten das Leben mit dem Verlust unserer Freiheit erkaufen, denn es waren Korsaren, die meine Mutter und mich von den Trümmern unseres zerschellten Schiffs herabholten und aufnahmen. Nach zehnjähriger Sklaverei gab ein glücklicher Zufall uns unsere Freiheit wieder. Wir kehrten nach Neapel zurück, wo wir unsere sämtlichen Güter verkauft fanden, aber über den Aufenthalt unseres Vaters nichts erfahren konnten. Von da begaben wir uns nach Genua, wo meine Mutter noch einige geringe Überreste einer zersplitterten Erbschaft zusammenbrachte. Die Härte und Ungerechtigkeit ihrer Verwandten vertrieb sie auch von dort; und so ist sie schließlich hierher nach Paris gekommen, wo sie in Kummer und Krankheit eine freudenlose Zeit verlebt hat.

ANSELME. Oh Himmel! Wie überraschend sind die Fügungen deiner Allmacht! Und wie zeigst du mir aufs Neue, dass nur du Wunder tun kannst! Umarmt mich, meine Kinder, und teilt eure Freude mit der eures Vaters!

VALÈRE. Sie sind unser Vater?

MARIANE Sie sind es, den unsere Mutter so schmerzlich beweint hat?

ANSELME. Oui ma fille, oui mon fils, je suis Dom Thomas d'Alburcy, que le Ciel garantit des ondes avec tout l'argent qu'il portait, et qui vous ayant tous crus morts durant plus de seize ans, se préparait après de longs voyages, à chercher dans l'hymen d'une douce et sage personne, la consolation de quelque nouvelle famille. Le peu de sûreté que j'ai vu pour ma vie, à retourner à Naples, m'a fait y renoncer pour toujours; et ayant su trouver moyen d'y faire vendre ce que j'avais, je me suis habitué ici, où sous le nom d'Anselme j'ai voulu m'éloigner les chagrins de cet autre nom qui m'a causé tant de traverses.

HARPAGON. C'est là votre fils?
ANSELME. Oui.
HARPAGON. Je vous prends à partie, pour me payer dix mille écus qu'il m'a volés.
ANSELME. Lui, vous avoir volé?
HARPAGON. Lui-même.
VALÈRE. Qui vous dit cela?
HARPAGON. Maître Jacques.
VALÈRE. C'est toi qui le dis?
MAÎTRE JACQUES. Vous voyez que je ne dis rien.
HARPAGON. Oui. Voilà monsieur le commissaire qui a reçu sa déposition.
VALÈRE. Pouvez-vous me croire capable d'une action si lâche?

HARPAGON. Capable, ou non capable, je veux ravoir mon argent.

SCÈNE VI

CLÉANTE, VALÈRE, MARIANE, ÉLISE, FROSINE, HARPAGON, ANSELME, MAÎTRE JACQUES, LA FLÈCHE, LE COMMISSAIRE, son CLERC.

CLÉANTE. Ne vous tourmentez point, mon père, et n'accusez personne. J'ai découvert des nouvelles de votre affaire, et je viens ici pour vous dire, que si vous voulez vous résoudre à me laisser épouser Mariane, votre argent vous sera rendu.
HARPAGON. Où est-il?
CLÉANTE. Ne vous en mettez point en peine. Il est en lieu dont je réponds, et tout ne dépend que de moi. C'est à vous de me dire à quoi vous vous déterminez; et vous pouvez choisir, ou de me donner Mariane, ou de perdre votre cassette.

ANSELME. Ja, meine Tochter; ja, mein Sohn; ich bin Don Tomaso d'Alburci, den der Himmel mit aller Habe, die er bei sich trug, aus den Fluten gerettet hat, und der euch alle seit sechzehn Jahren für tot hält. Nach langen Reisen wollte ich in der Verbindung mit einem sanften und verständigen Mädchen den Trost eines neuen Familienlebens suchen. Die Gefahr, in der mein Leben noch in Neapel schwebt, hat mich bewogen, jeden Gedanken an die Rückkehr dahin aufzugeben; und nachdem mir's gelungen ist, meine dortigen Güter verkaufen zu lassen, habe ich hier eine Heimat gefunden, in der ich unter dem Namen Anselme die Verfolgungen von mir fernhalten wollte, die mein wahrer Name mir zuziehen würde.

HARPAGON. Das ist also Ihr Sohn?

ANSELME. Ja.

HARPAGON. So halte ich mich an Sie wegen der dreißigtausend Livres, die er mir gestohlen hat.

ANSELME. Er? Sie bestohlen?

HARPAGON. Ja, er selbst.

VALÈRE. Wer hat Ihnen denn das gesagt?

HARPAGON. Jacques.

VALÈRE. Du hast das gesagt?

JACQUES. Sie sehen, ich sage gar nichts.

HARPAGON. Jawohl! Hier der Herr Kommissar hat seine Aussage zu Protokoll genommen.

VALÈRE. Können Sie mich denn einer solchen Schändlichkeit fähig halten?

HARPAGON. Fähig oder nicht fähig, ich will mein Geld wiederhaben.

SECHSTE SZENE

CLÉANTE, VALÈRE, MARIANE, ÉLISE, FROSINE, HARPAGON, ANSELME, JACQUES, LA FLECHE, DER KOMMISSAR, sein SCHREIBER.

CLÉANTE. Machen Sie sich keine Sorge, Vater, und klagen Sie niemanden an. Ich bin Ihrer Sache auf die Spur gekommen und kann Ihnen soviel sagen, dass, wenn Sie sich entschließen wollen, mich Mariane heiraten zu lassen, Ihr Geld Ihnen wieder ausgehändigt werden soll.

HARPAGON. Wo hast du es?

CLÉANTE. Kümmern Sie sich nicht darum. Es ist sicher aufbewahrt, dafür stehe ich; und alles hängt nur von mir ab. Sie haben jetzt die Wahl und müssen mir sagen, wozu Sie sich entschließen; ob Sie mir Mariane lassen oder Sie Ihr Geld verlieren wollen.

HARPAGON. N'en a-t-on rien ôté?

CLÉANTE. Rien du tout. Voyez si c'est votre dessein de souscrire à ce mariage, et de joindre votre consentement à celui de sa mère, qui lui laisse la liberté de faire un choix entre nous deux.

MARIANE. Mais vous ne savez pas, que ce n'est pas assez que ce consentement; et que le Ciel, avec un frère que vous voyez, vient de me rendre un père dont vous avez à m'obtenir.

ANSELME. Le Ciel, mes enfants, ne me redonne point à vous, pour être contraire à vos vœux. Seigneur Harpagon, vous jugez bien que le choix d'une jeune personne tombera sur le fils plutôt que sur le père. Allons, ne vous faites point dire ce qu'il n'est point nécessaire d'entendre, et consentez ainsi que moi à ce double hyménée.

HARPAGON. Il faut, pour me donner conseil, que je voie ma cassette.

CLÉANTE. Vous la verrez saine et entière.

HARPAGON. Je n'ai point d'argent à donner en mariage à mes enfants.

ANSELME. Hé bien, j'en ai pour eux, que cela ne vous inquiète point.

HARPAGON. Vous obligerez-vous à faire tous les frais de ces deux mariages?

ANSELME. Oui, je m'y oblige. Êtes-vous satisfait?

HARPAGON. Oui, pourvu que pour les noces vous me fassiez faire un habit.

ANSELME. D'accord. Allons jouir de l'allégresse que cet heureux jour nous présente.

LE COMMISSAIRE. Holà, Messieurs, holà. Tout doucement, s'il vous plaît. Qui me payera mes écritures?

HARPAGON. Nous n'avons que faire de vos écritures.

LE COMMISSAIRE. Oui. Mais je ne prétends pas, moi, les avoir faites pour rien.

HARPAGON. Pour votre paiement, voilà un homme que je vous donne à pendre.

MAÎTRE JACQUES. Hélas! comment faut-il donc faire? On me donne des coups de bâton pour dire vrai; et on me veut pendre pour mentir.

ANSELME. Seigneur Harpagon, il faut lui pardonner cette imposture.

HARPAGON. Vous payerez donc le commissaire?

ANSELME. Soit. Allons vite faire part de notre joie à votre mère.

HARPAGON. Et moi, voir ma chère cassette.

HARPAGON. Ist nichts davon weggekommen?

CLÉANTE. Nicht das Geringste. Entscheiden Sie nur, ob Sie gesonnen sind, unsere Heirat zuzugeben, nachdem auch Marianes Mutter ihre Einwilligung ausgesprochen hat, sie zwischen uns beiden wählen zu lassen.

MARIANE. Sie wissen aber nicht, dass diese Einwilligung allein nicht ausreicht und dass der Himmel mir außer einem Bruder, den Sie hier vor sich sehen, auch meinen Vater wieder geschenkt hat, von dem Sie mich erbitten müssen.

ANSELME. Der Himmel, meine Kinder, hat euch nicht wieder zu mir zurückgeführt, damit ich euren Wünschen entgegen stehen soll. Mein Herr Harpagon, Sie werden wohl einsehen, dass die Wahl eines jungen Mädchens eher auf den Sohn als auf den Vater fallen wird; macht also keine Umstände, lassen Sie nicht erst sagen, was nicht nötig ist zu hören, und willigen Sie so wie ich in diese Doppelheirat.

HARPAGON. Erst muss ich meine Schatulle sehen; die soll den Ausspruch tun.

CLÉANTE. Sie werden sie ganz und unversehrt wiederfinden.

HARPAGON. Ich habe aber meinen Kindern kein Geld mitzugeben.

ANSELME. Nun gut; ich habe genug für sie; da brauchen Sie keine Sorge zu haben.

HARPAGON. Würden Sie sich verpflichten, alle Kosten der beiden Heiraten zu tragen?

ANSELME. Die will ich übernehmen. Sind Sie nun zufrieden?

HARPAGON. Ja; aber Sie müssen mir auch ein neues Kleid zur Hochzeit machen lassen.

ANSELME. Das soll geschehen. Und nun lassen Sie uns nur an die Freude denken, die dieser glückliche Tag uns bereitet.

DER KOMMISSAR. Halt, meine Herren, halt! Noch einen Augenblick, wenn's gefällig ist. Wer wird mir denn meine Schreiberei bezahlen?

HARPAGON. Ihre Schreibereien brauchen wir jetzt nicht mehr.

DER KOMMISSAR. Ja, ich will aber doch nicht umsonst geschrieben haben.

HARPAGON. Seien Sie mit dem da bezahlt und lassen Sie ihn hängen.

JACQUES. Ach, wie soll man's denn anfangen? Wenn ich die Wahrheit sage, bekomme ich Schläge, und wenn ich lüge, soll ich hängen!

ANSELME. Mein Herr Harpagon, Sie müssen ihm seinen Betrug diesmal noch verzeihen.

HARPAGON. Sie wollen also den Kommissar bezahlen?

ANSELME. Meinetwegen. Aber jetzt schnell zu eurer Mutter, damit sie teil an unserer Freude nimmt.

HARPAGON. Und ich zu meiner lieben Kassette!

TABLE DES MATIÈRES | INHALT